ザ・グレイトブッダ・シンポジウム論集

価格税別

法藏館

ザ・グレイトブッダ・シンポジウム論集第二十号
論集 良弁僧正—伝承と実像の間—

二〇二三年十月十四日 初版第一刷発行

編 集 GBS実行委員会

発 行 東大寺
〒六三〇—八五八七
奈良市雑司町四〇六—一
電 話 〇七四二—二二—五五一一
FAX 〇七四二—二二—〇八〇八

制作・発売 株式会社 法藏館
〒六〇〇—八一五三
京都市下京区正面通烏丸東入
電 話 〇七五—三四三—五六五六
FAX 〇七五—三七一—〇四五八

ISBN978-4-8318-0720-5 C3321

The Illustrious Master Rōben: Between Legend and Fact

Papers from the Great Buddha Symposium No.20

The Official Great Temples of the Nara Period: Tōdai-ji and Saidai-ji Temples and Priests Rōben and Dōkyō

Hongo Masatsugu

According to tradition, the Hachiman deity of Buzen, who ascended to the Heijō capital, issued a divine oracle in support of the construction of the Great Vairochana Buddha and was enshrined on the grounds of Tōdai-ji, where he served as a tutelary deity. Saidai-ji, founded by Emperor Shōmu's daughter, Empress Shōtoku (718–770), had two main halls dedicated to Miroku Bosatsu (Skt. Maitreya Bodhisattva) and Yakushi Nyorai (Skt. Bhaiśajya-guru, the Medicine Buddha), following the example of Miroku-ji, a Buddhist temple situated on grounds of the Usa Hachiman Shrine.

Strongly influenced by Buddhist thought, the Hachiman deity gained increased reverence for playing a role in protecting Emperor Shōmu during the rebellion of Fujiwara no Hirotsugu in 740, resulting in a substantial influence of the Hachiman cult on the imperial court at the time. Rōben, who oversaw the building of the Great Buddha and the maintenance of the temple structures as a Tōdai-ji monk as well as who created the religious policies during the rule of Empress Shōtoku as a high priest, likely played an important role in transferring the Hachiman deity to Tōdai-ji and in the construction of Saidai-ji Temple. As a result, Miroku, the main deity of Miroku-ji Temple revered by Hachiman, became intertwined with the image of Rōben, leading to the notion that he was a manifestation of this bodhisattva during the Heian period.

Rōben Sōjō and the Monks of Tōdai-ji as seen in the Manuscripts of the Shōsō-in Repository

Hamamichi Takahisa

This paper focuses on the activities of Rōben Sōjō（良弁僧正, 689–773）as seen in the Shōsō-in documents and sheds light on a part of his historic image. An examination of this set of historical materials reveals that Priest Rōben was about the only monk referred to as "Daitoku"（大徳）at Tōdai-ji Temple, confirming his prominence. His activities primarily relate to Buddhist scriptures, which involve the management of Buddhist sutras and the projects of copying of sutras as well as the promotion of learning, though no historical records concerning temple administration exist prior to 752 (Tenpyō Shōhō 8). Rōben also established early connections with the imperial palace. He subsequently passed these responsibilities to one of his disciples, Chikei（智憬）. Morever, almost no record of Rōben's interactions with the renowned scholar-monks affiliated with Tōdai-ji in his age exists. Taking into consideration the historical inclinations of the documents in the Shōsō-in Repository, Priest Roben's various activities recorded in them show significant bias. What this means and what aspects of Tōdai-ji can be revealed in the Shōsō-in manuscripts require further consideration.

The Role of the Scriptural Commentaries and Doctrinal Discourse of *Kenmuhen butsudo kudoku kyō* in the Memorial Services for Rōben

Noro Sei

Rōben ki refers to the memorial service in honor of the eminent priest Rōben (689–773), traditionally observed on the sixteenth of every month. During this ceremony, the priests chant *Kenmuhen butsudo kudoku kyō* (Ch. *Xian wubian fotu gongde jing*; Sutra Revealing the Qualities of the Infinite Buddha Lands) in front of a seated statue of Rōben in the Founder's Hall at Tōdai-ji and hold a discussion on Kegon doctrine. This observance emblematic of Nara's year-end activities is now held annually on December 16, which corresponds to Rōben's memorial, when the doors of the Founder's Hall are opened, attracting numerous worshippers.

The contents of the rituals for Rōben's memorial, however, have not previously been studied. Rōben served as Tōdai-ji's first abbot and was an instrumental figure in its establishment. Moreover, during the medieval period, he came to be regarded as one of the "Four Saints" of Tōdai-ji and was even seen as an incarnation of Miroku Bosatsu (Skt. Maitreya Bodhisattva). When examining Rōben's portrayal within the context of Tōdai-ji, an analysis of the contents of the ritual dedicated to him cannot be ignored.

In this paper, I aim to introduce and analyze the contents of *Kenmuhen butsudo kudoku kyō*, the central text of Rōben's memorial ceremony, and the discourse *Muhen butsudo* (Infinite Buddha Lands). This study also delves into the formation period and doctrinal content associated with these texts.

A Reconsideration of the Priest Rōben Statue in Tōdai-ji's Founder's Hall: Tradition, Narrative, and the Production of a Portrait

Kawase Yoshiteru

The wooden statue of Priest Rōben at Tōdai-ji Temple is a sculptural portrayal of the monastery's illustrious founder. Its date and the circumstances of production are unclear. However, a closer examination reveals several noteworthy characteristics. One is that the portrait holds a *nyoi*, or ritual scepter, which can often be seen in depictions of ancient Japanese Buddhist monks. In this case, however, it was found that of the two ways of holding a scepter, the right hand is carved so that the ritual utensil is held at an angle. In the painted portrait of Rōben at Ishiyama-dera Temple, the priest holds a scepter with his right hand and a lotus flower with his left, strongly suggesting that the wooden statue here also originally held a lotus in the left hand. The now missing lotus may have symbolized that Rōben was believed to have been an incarnation of the bodhisattva Kannon (Skt. Avalokiteśvara) as described in *Sakura-e engi* (The Origin of the Lotus Sutra Ritual Held in Tōdai-ji Temple's Lotus Hall). The indented earlobes also reinforce the belief of the monk's sacredness. Further, it is rare for a portrait of a monk to be depicted as a strong, middle-aged figure. This may be due to the legend of Rōben being taken as a child by an eagle. His appellation, "Golden Eagle Bodhisattva" or "Golden Eagle Ascetic," and his robust appearance may thus be connected to this eagle legend.

The above features suggest that the production of *Sakura-e engi* in 846 may serve as a reference point for the Priest Rōben statue. It seems likely then that this portrait was carved for Rōben's memorial service, which took place in the Lotus Hall, where this image was initially enshrined.

The Spatial Features of Tōdai-ji's Founder's Hall from the Perspective of its Construction Process

Shimizu Shigeatsu

The inner sanctum of Tōdai-ji's Founder's Hall (*Kaisan-dō*), resurrected by Priest Shunjō-bō Chōgen in the year 1200, is a rare example of the architectural style *daibutsu-yō* ("Great Buddha-style"), which was used to reconstruct the large buildings at Tōdai-ji that were burned down during the Genpei war. The inner sanctum of the Founder's Hall, however, is a small structure compared the other existing large-scale *daibutsu-yō* buildings, such as Tōdai-ji's Great South Gate (*Nandaimon*) and Jōdo-ji Temple's Pure Land Hall (*Jōdo-dō*), raising the question of the necessity of using this architectural style for such a confined space.

In this paper, I examine the spatial features of the inner sanctum of Tōdai-ji's Founder's Hall by recreating its construction process. This was made possible by applying a method, which scholars discovered, for recreating the entire construction process of the Great South Gate, through an investigation of the size of the wedge holes in the columns made for their corresponding insertions and securing of the penetrating beams. First, I discuss the recreation process of the construction of Tōdai-ji's Great South Gate, and then I explore the recreation of the construction process of the inner sanctum of the Founder's Hall based on a field survey. By doing so, I argue that this building achieved particular structural forms, such as its small-scale room and dome-shaped space without beams, by using the *daibutsu-yō* architectural style, and that this structural form gave the building its memorial significance.

The Nature of Tōdai-ji Temple's Shukongōshin Statue as Seen in the Legend of the Golden Eagle Ascetic in *Nihon Ryōiki*

Oku Takeo

In this paper, I discuss the legend of the Shukongōshin (Skt. Vajrapāṇi; vajra-wielding deity) statue at Tōdai-ji's Lotus Hall (J. Hokke-dō) from the collection of Buddhist tales *Nihon ryōiki*. According to the account, the Konju Gyōja, or the Golden Eagle Ascetic, who is identified as Rōben (689–773), the founder of the temple, performed a repentance in front of the Shukongōshin image, presumably to create the favorable vision or sign for self-ordination. Until the arrival of Jianzhen to Japan in 754, the act of receiving the bodhisattva precepts followed the principles outlined in the *Yugashiji ron* (Skt. *Yogācārabhūmi-śāstra*), while the practice of entering priesthood through self-ordination was based on the divination sutra *Senzatsu kyō* (Ch. *Zhancha jing*).

According to legend, while Konju was engaged in repentance, a light emanated from the Shukongōshin image reaching Emperor Shōmu. As a result, Konju was summoned to the imperial court. When the emperor asked the ascetic about his desires, he replied that he wished to become a monk to practice and study Buddhism. As expounded in the divination sutra, light emits from images in response to the repentance of ascetics, allowing them to enter monastic life. The placement of the Shukongōshin statue at the back of the hall can be understood to allow practitioners to undergo extended periods of favorable visions or signs regardless of other Buddhist rituals going on in front. It is believed that Shukongōshin would dispel the self-reproach and inner doubts of ascetics, while simultaneously, as expounded in the *Yogācārabhūmi-śāstra*, gaze at its own transformed appearance as a compassionate savior of the unbelievers after becoming a bodhisattva.

第20回　ザ・グレイトブッダ・シンポジウム

令和４年

11月19日（土）

開会挨拶：橋村　公英（華厳宗管長・東大寺別当）

基調講演：本郷　真紹（立命館大学）「奈良朝の官大寺―東大寺・西大寺と良弁・道鏡―」

11月20日（日）

《研究報告》

濱道　孝尚（大阪公立大学都市文化研究センター）「正倉院文書からみた僧正良弁」

野呂　　靖（龍谷大学）「良弁忌における講問論義について」

川瀬　由照（早稲田大学）「開山堂良弁僧正像再考」

清水　重敦（京都工芸繊維大学）「組立工程から見た東大寺開山堂の空間的特質」

全体討論会「良弁僧正―伝承と実像の間―」

藤井　恵介（東京大学名誉教授）

本郷　真紹（立命館大学）

濱道　孝尚（大阪公立大学都市文化研究センター）

野呂　　靖（龍谷大学）

川瀬　由照（早稲田大学）

清水　重敦（京都工芸繊維大学）

論集

良弁僧正

——伝承と実像の間——

ザ・グレイトブッダ・シンポジウム論集第二十号

東大寺

表紙カバー　杉本健吉 画伯

序

本年、令和五年（二〇二三）は東大寺開山である良弁僧正の一二五〇年御遠忌の年にあたります。それを記念して、一月には文楽公演、五月には修二会声明公演や東大寺文化講演会と、さまざまな関連行事がおこなわれ、十月十四日から十六日にかけて大仏殿において御遠忌法要が勤修されるところであります。また東大寺ミュージアムでは年末にかけて良弁僧正の特別展を開催いたします。

さて二十回目という区切りの回となった昨年、令和四年の「ザ・グレイトブッダ・シンポジウム」（GBS）は、この御遠忌関連の諸行事にさきがけて良弁僧正をテーマとして十一月十九日、二十日に開催いたしました。

良弁僧正の足跡は「良弁杉」に象徴される出生にまつわる伝承と正倉院文書などの史料に垣間見られる大仏さまの造顕や一連の写経事業に関わる活動という史実の両面があります。各先生方の報告や討論を拝聴し、論文を一読いたしますと、その伝承と史実の間を埋め、僧正の実像に迫ることができるものと感じます。

東大寺の開山という大きなご恩に万分の一も報いることも出来ませんが、本書を通して良弁僧正の功業がみなさまにより広く伝えられることを祈念いたします。

令和五年十月十日

第二二四世東大寺別当　橋村公英

目次

全体討論会

特別寄稿

英文要旨作成／原まや

基調講演

奈良朝の官大寺
―東大寺・西大寺と良弁・道鏡―

本郷真紹

はじめに

奈良時代に平城京下と近辺に設営された官大寺の中で、東大寺と西大寺は平城遷都後に創建された新たな官大寺であり、またその発願が、聖武天皇と称徳（孝謙）天皇という父娘であったことから、二人の共通した仏教信仰と寺院造営の志向が具現化したものとして受け止められている。しかし、両寺の創建に至る経緯だけでなく、盧舎那大仏を本尊とする東大寺に対し、薬師金堂と弥勒金堂の二つの金堂を持つ西大寺といったそれぞれの特色からしても、明らかに性格を異にする部分が看取され、その意義を改めて考察する必要がある。

東大寺の本尊とされた盧舎那大仏造立の最終段階で、表面への鍍金に供する金の国内初の産出が天平二十一年（七四九）に陸奥国小田郡で生じた(1)。この慶事に際して宇佐の八幡神が託宣を発し、平城京に上って大仏の前に鎮座したとされる(2)。以後、東大寺境内の八幡宮は同寺の鎮守として護持され今日に至るが、この八幡神は我が国の諸神祇の中で最も早い段階に仏教的要素を色濃く呈し、朝廷からもその性格が認識された存在であった(3)。

隣国新羅との緊張の高揚、日向・大隅に於ける動乱や藤原広嗣の乱という西海道の異変に、この神に対する朝廷の働きかけが認められ、聖武天皇の不予に際しても、奉幣が試みられた。この過程で朝廷と密接な関係を築いた八幡大神と比咩神に品位の贈呈という措置が講じられ、またその神託は、時として異例の政治的措置を導くところとなった。道鏡の皇位継承問題に纏わる神託の一件は著名な事件であるが、それ以前より、神託に起因する異例の事態が見られたのである。

天平宝字八年（七六四）、藤原仲麻呂（恵美押勝）の乱に際して称徳天皇は西大寺の造立を発願し、乱の収束後着手される。後に触れるように、その伽藍配置には、宇佐・八幡神宮、より正確には境内に設けられた神宮寺である弥勒寺の影響が看取される。寺号に象徴される様に、弥勒信仰と密接に結び付く形で八幡神は仏教と融合

し、その影響を中央の官大寺に及ぼしたのである。

さらに、この神が鎮守として境内に勧請された頃、東大寺の設営に主導的役割を果たしていた良弁は、のちに弥勒菩薩の応現と見做された[4]。道鏡を使僧としてその配下に置いていた痕跡を有する良弁は、称徳朝に道鏡に対して破格の待遇がなされる一方で、僧綱の最高位である僧正の地位につき、恐らくは当時の仏教政策にも少なからず影響を与えたと推測される。とすれば、東大寺鎮守として境内に鎮座した八幡神、そしてその崇敬の対象とされた弥勒菩薩に対する信仰についても、何某の関係を有したと考えられよう。

奈良期の神仏関係については、既に二〇〇四年の第三回ザ・グレイトブッダ・シンポジウムで総合テーマとして取り上げられ、八幡神の東大寺境内鎮座についても、報告者である三橋正氏により考察が加えられ、新たな知見が示されている[5]。そこで本稿では、改めて八幡神の歴史的意義を視座にすえ、東大寺への勧請や西大寺伽藍の特質を考えると共に、良弁と道鏡や親王禅師早良との関係、さらには、良弁が後に弥勒菩薩の応現と言われた理由についても、検討することにしたいと思う。

一　藤原広嗣の「逆魂」と八幡神

天平十七年（七四五）五月、聖武天皇は恭仁京より平城京へと戻り、諸官司も平城の本曹に帰った。同十二年十月、藤原広嗣の挙兵とほぼ時を同じくして聖武天皇が平城京を発って以来、四年半ぶりの帰還であり、この間恭仁京、難波京へと遷都が行われ、また近江・紫香楽への遷都も目論まれた。帰還後三カ月を経た天平十七年八月に、聖武は改めて難波宮に行幸するが、翌月半ばに体調不良となり、のちに「殆ど大漸に至らんとす」と橘奈良麻呂が述べたと回顧されたように[6]、一時危険な状況に陥り、平城宮と恭仁宮が固守され、孫王が難波宮に召集され、平城宮にあった鈴印も難波宮に取り寄せられた。

病気平癒を祈請して京・畿内の諸寺と諸名山の浄処で薬師悔過の法が修され、山背国の賀茂・松尾神社に奉幣がなされる。諸国に鷹・鵜の放生を命じ、三千八百人の得度が行われた。明らかに非常事態と受け止められた事が看取されるが、この時、何故か豊前の八幡社に阿倍虫麻呂が派遣され、奉幣がなされている。また、この頃肥前国松浦郡に弥勒知識寺が創建され、二十僧を配し、水田二十町の施入が行われるが[7]、これも聖武の病と密接な関係をもつものと思われる。

翌天平十八年には、天皇の不予に際して行った祈禱が験あったとして、八幡大神を三位に叙し、四百の封戸と五十僧、水田二十町が奉じられたという史料も見える[8]。当時造立が進められていた盧舎那大仏に対し、八幡大神より米が奉納されたという痕跡が認められ[9]、大仏造立事業と八幡神との関係が指摘されるが[10]、上記の奉幣からして、朝廷と八幡神との間にこの時点で密接な関係がもたれた契機は、聖武天皇の不予であったと言えよう。

天平十七年十一月に、それまで聖武天皇や光明皇后の厚い信任を受けていた玄昉が僧正の任を解かれ、筑前の筑紫観世音寺へと配される。同寺が広嗣の挙兵を見た大宰府政庁に近接する地にあり、翌年五月に玄昉が死去すると藤原広嗣の霊に害されたと取り沙汰されたと伝え、また四年余り後の天平勝宝二年正月には、吉備真備が広

嗣の「逆魂」により筑前守として同地に配され、ほどなく広嗣終焉の地である肥前の国守に転じられたことなどから、聖武の病は藤原広嗣と密接に関係するものと観念されたと考えられる。玄昉と吉備真備の両者こそは、天平十二年に藤原広嗣がその排斥を求めて挙兵した張本で、聖武天皇の病に際して八幡社に派遣された阿倍虫麻呂は、広嗣の乱の際に勅使として西海道に赴いた官人であった。

この乱で聖武天皇の発した詔には、「もとより広嗣と同心して謀を起こすといえども、今よく心を改めて過を悔い、広嗣を斬殺して百姓をやすんぜば、白丁には五位以上を賜い、官人には等に随いて加給せん。」として、広嗣配下の人物に対し、翻意と広嗣斬殺を命じる内容が見て取られる。結局広嗣は耽羅への逃亡を図るも船が押し戻されて拘束され、肥前国松浦郡で刑死するところとなるが、聖武の斬殺指令は紛れもなく殺生の指令であり、たとえ広嗣の怨念が聖武天皇に向けられたわけではなくとも、殺生を命じた罪の意識と身体の状況が関連付けて受け止められたとしても不思議はない。

翻って八幡神の来歴を見れば、養老四年（七二〇）の日向・大隅の反乱に際して朝廷より戦勝の祈請を受け、神軍を派遣したとされる宇佐宮では、多くの隼人を殺戮した反省から、放生会を始めたと伝える。[11] あるいは、天皇不予についての八幡神の託宣が伝えられた可能性も想定される。[12] 奈良末・平安初期の光仁・桓武朝以後頻りに意識されるようになる怨霊（御霊）とはやや趣が異なるが、少なくとも聖武天皇にとって刑死した広嗣は、その身体の状況に影響を及ぼすと観念される存在であったと推察されるのである。

二　聖武天皇の退位・出家と八幡神の上京

天平二十一年（七四九）二月、陸奥国小田郡で金が産出する。日本史上初の出来事で、四月に聖武天皇は東大寺に行幸し、盧舎那大仏に北面してその報告を行う。この時、詔を発して、神祇をはじめ歴代天皇の霊や諸臣らに謝意が示されるが、ここには八幡神（社）が特筆された部分は見当たらない。のちに触れるように、八幡大神が諸神祇を率いて大仏造立を助成するとの託宣を発したことや、同じく託宣して国内の産金を預言し、唐に金を求めようとする施策を止めたとされることなどは、この時点では朝廷の方で認識されていなかった、もしくは後世に付加された可能性が高い。[13]

こののち、宮中で千人の僧が度され、聖武天皇は男性天皇として初めて生前退位し、出家して太上天皇沙弥勝満と称する。官寺に対して絁・綿や稲・墾田地等が施入されるが、同時期に、豊前・弥勒寺に対し、学分として同類の施物がなされたと伝える。[14] この時、聖武は自身の病気平癒・寿命延長と一切衆生の済度、天下太平・兆民快楽を祈願している。体調が勝れず、元日朝賀の儀も連年中止となる中で、恐らくは、諸経典の教説に基づいて、聖武は仏教の理想的君主である転輪聖王の足跡を辿ることを志向したものと受け取られる。[15]

同年七月、女性初の皇太子であった阿倍内親王が即位し（孝謙天皇）、八月には皇太后となった藤原光明子の機関として紫微中台が発足し、藤原仲麻呂がその長官である紫微令に就任する。そして、十一月に、八幡大神の祢宜・大神杜女と主神司・大神田麻呂の二人

に大神朝臣の姓が与えられた。前年八月の大神宅女と杜女に対する叙位は、大仏への奉納の報賽と受け取られるが、この時の賜姓は、同月の孝謙天皇大嘗祭ののち、八幡大神が発した上京を志す託宣と関係するものと思われる。参議・石川年足と侍従・藤原魚名が迎神使に任ぜられ、豊前と大和を結ぶ路次の国々に、兵士による護衛と殺生禁断、道路の清掃などが命じられた。こうして、八幡神は、翌十二月に大和国平群郡から平城京に入り、平城宮南の梨原宮に設えられた新殿が神宮とされた。

さらに、祢宜尼と称された大神杜女が紫の輿で東大寺を参拝し、孝謙天皇・聖武太上天皇・光明皇太后以下、百官も同行するところとなった。東大寺では五千の僧による礼仏読経と楽舞が行われ、八幡大神に対し一品、比咩神に二品の品位が奉呈される。この時の聖武太上天皇の詔で、八幡神が諸神祇を率いて大仏造立を助成する旨の託宣を発したことに対する報賽と告げられ、大神杜女と田麻呂に対しても叙位が行われた。

なお、この年の産金と八幡神の上京については、『続日本紀』の記事に錯簡が多く、延暦十四年（七九五）頃、平安遷都後の緊縮財政の一環で東大寺の封戸に対しても管理統制を強化しようと図る桓武天皇の朝廷に対し、東大寺が翻意を促す目的で提出した縁起類の影響を受け、当時編纂が進められていた『続日本紀』の原案に、新たに八幡神関係の内容が加えられて混乱が生じたことによるものと論じられ[16]、縁起提出の意図を踏まえた上で改めて真偽を検討する必要があるという指摘がなされている[17]。確かに、時系列的に整合し難い部分も見受けられ、慎重な判断が必要であるが、少なくとも、この年の産金を契機に八幡神が平城京に勧請され、東大寺の境内に鎮座するようになったこと、八幡大神と比咩神に対して一品・二品という品位が奉呈されたこと、さらに、その託宣を告げる祝・大神杜女や、主神司・大神田麻呂に姓や官位が授与されたことについては、この年に生じたものと受け止めて大過ないように思われる。

孝謙天皇即位後、大嘗祭を行う段階になって、八幡神が活発な動きを見せるようになったのは、既に以前より大仏造立を支援する姿勢は示していたものの、改めてその神託が朝廷で意識されるようになったことによると考えられ、或いは、同年八月に紫微中台が設置された段階で、次官に相当する紫微少弼に任ぜられた百済王孝忠が、それまで大宰大弐として八幡社を管轄していたことと関わるかも知れない。いずれにせよ、八幡神の待遇は、直接には盧舎那大仏の完成に即したものであることは疑いないものの、一品・二品の奉呈という先例なき重い処遇が見られるのは、やはりその神託に負う部分が大きく、また、そこに聖武天皇自身の去就に関連する意義が含まれたためではないだろうか。

その意義とは、一つには、既に述べたように、藤原広嗣誅殺の一件と結び付くもので、八幡神がそれまで特徴の一つとした、殺生を厭い放生を勧めるという姿勢と相俟って、聖武の玉体護持に欠かせぬ存在と認識されたためと推測されよう。

そして今一つは、当時の聖武が退位・出家という、まさに転輪聖王の足跡を辿らんとしていたことに鑑みれば、八幡社の神宮寺である弥勒寺の本尊・弥勒菩薩が転輪聖王と極めて深い関係をもつ存在であったことが意識される。『仏説弥勒下生経』では、弥勒菩薩は兜率天より下って蠰佉王という転輪聖王の国に大臣の子として産まれ、竜華の樹下で悟りを開き説法すると説かれる。当時東大寺で良

弁が大仏造立と伽藍整備に尽力していたと見做されることからすれば、史料に具体的な動向は認められないものの、東大寺境内への八幡神の勧請には、弥勒信仰との密接な関係が存した状況が想定され、後世良弁を弥勒菩薩に喩える観念が形成されたのも、この勧請が何某かの影響を与えたことは否定できないように思うのである。[18]

なお、翌天平勝宝二年（七五〇）二月には、八幡大神と比咩神の品位に見合う封戸と位田が、既に施入したものに補塡する形で奉呈される。八幡大神が封八百戸・位田八十町、比咩神が封六百戸・位田六十町という、伊勢大神宮をも凌ぐ莫大な量であった。その直前に吉備真備が筑前守に左降され、十月には逆に、正五位上大宰小弐であった藤原乙麻呂が、八幡神の「神教」により従三位に昇叙され、大宰帥へと昇進する。その四年後に大神杜女・田麻呂が「厭魅」により失脚する事件が生じ、翌年の天平勝宝七歳に八幡神が偽りの神託で得た封戸と田の返上を訴えていることからすれば、この封戸と位田の奉呈も、また吉備真備の左降や藤原乙麻呂の昇進も、大神杜女の口を通じて発せられた神託により導かれた可能性が高く、その影響力の背景には、やはり神託の玉体護持の威力が働いたと受け取られるのではないだろうか。

三　藤原仲麻呂(恵美押勝)の乱の前後

天平宝字六年（七六二）、近江・保良宮より平城宮に還幸の際、孝謙太上天皇と淳仁天皇の間に軋轢が生じ、孝謙太上天皇は平城宮に戻らず法華寺に入った。保良宮で自身の看病に従事した僧道鏡を師と仰ぎ、出家していた孝謙太上天皇は、詔を発して、常の祭祀と国政の小事は天皇が行い、国政の大事と賞罰（人事）は自身が行うと宣言する。ここで両者の対立は決定的となり、翌七年には少僧都の慈訓が解任されて道鏡がその地位につく。そして同八年九月、淳仁天皇を擁立した藤原仲麻呂が、孝謙太上天皇側との間で繰り広げられた鈴印の争奪戦に敗れて近江に逃れると、太上天皇は、造東大寺長官として平城京に戻っていた吉備真備を参謀として追討の軍を派遣し、仲麻呂とその一党は近江国高島郡で最期を遂げることになる。

この時、四天王に戦勝を祈願した孝謙太上天皇は西大寺の造立を発願し、少僧都道鏡には大臣禅師という新たな地位が与えられ、大僧都良弁は僧正に昇任した。[19]道鏡の大臣禅師補任は、俗務を以て煩わすものではないと宣せられているように、太政官の政務を委ねるものではなく、天平勝宝二年八幡大神と八幡比咩神にその品位に応じた封戸と位田が奉呈されたのと同様に、大臣という官職に対して規定された職分封戸を供するためのものであり、良弁の僧正昇任は、或いは道鏡の師であることが関係したものとも考えられる。注目すべきは、この時八幡大神に対して改めて戸二十五烟が奉じられ、放鷹司（主鷹司）が放生司と改められると共に、狩猟に用いる鷹・犬・鵜の飼育を禁じ、贄や中男作物としての肉・魚類の貢上まで、神戸を除いて禁止されていることである。これは明らかに、殺生禁断と放生を重視する八幡大神の特質を意識した政策であり、[20]このの ち展開される西大寺の造営や百万塔の製作と密接に関わる措置と見做される。即ち、かつて養老四年の日向・大隅征討の反省から宇佐・八幡社で放生会が成立し、殺生禁断を強く訴えた一件と共通した意義がそこに窺われるのである。

八幡大神の託宣による天平勝宝七歳の封戸・位田の返上以来、朝廷より以前のように厚遇された痕跡が認められなかった八幡大神に対し、その復権とも言うべき措置が講じられていることは、孝謙太上天皇にとって八幡神は変わることなく重視すべき存在で、とりわけ戦勝祈願と戦後の処理に関して、他の神祇とは異なる意識が抱かれていたことは疑いない。さらに憶測を逞しくすれば、仲麻呂との戦闘で重要な役割を果たした吉備真備は、復帰するまで十年近く大宰大弐として八幡社を管轄する立場にあったこと、八幡神自体も、封戸・位田の返上時より伊予・宇和嶺に逃れていたのがこの時期に宇佐に帰還したとする伝をもち、[21] 程なく大神田麻呂が罪を解かれて復権することも、[22] 八幡神に対する朝廷の姿勢の変化と密接に関わるものと受け取られよう。

四　称徳朝に於ける神仏関係

藤原仲麻呂の擁立した淳仁天皇は廃位され、淡路に配され、孝謙太上天皇が還俗することなく尼身分のまま重祚する。尼天皇・称徳である。翌天平神護元年（七六五）、淡路に赴き淳仁と接触することが戒められ、やがて称徳天皇の紀伊行幸に触発される形で配所を逃れんとした淳仁は連れ戻され、不審な死を遂げる。同年には、和気王が紀益女の巫鬼により皇位を窺って誅殺されるという事件も起こったが、一方で大臣禅師道鏡には太政大臣禅師の位が与えられた。

この年、諸国の神社の修造が命じられ、大嘗祭を挙行した称徳天皇は直会の豊明節会で、在来の神祇は仏教と無縁のものでなく、経典にいう護法善神であり、僧俗共に大嘗祭に供奉するに支障なきことを訴える。ここで称徳は「上は三宝に供奉し、次に天神地祇を礼拝し、次に自身に仕える親王・諸臣・百官及び天下の人民を憐愍する」と告げるが、この表現に、当時の尼天皇の神仏に対する意識が象徴的に読み取られるように思われる。またこの年に、前年の藤原仲麻呂の乱時に誓願された四天王像が造立され、西大寺が創建される。この西大寺は、薬師金堂と弥勒金堂の二つの金堂が南北に並び立つという、平城京の官大寺の中でも特異な伽藍配置を示す。この二金堂の特色こそは、豊前・宇佐の八幡社境内に設えられた神宮寺・弥勒寺と共通するものであった。弥勒寺の場合は、金堂・講堂それぞれの本尊として薬師如来と弥勒菩薩を安置したとされるが、もともと八幡大神が弥勒菩薩への崇敬を訴えたとして、日足の弥勒禅院が境内に移されて弥勒寺と称し、同時に薬師勝恩寺も移建されたと伝えられるもので、[23] その寺名からしても、弥勒菩薩が寺院の本尊としての扱いを受けたことは疑いない。とすれば、西大寺の特異な形態は、この豊前・弥勒寺の伽藍を模したものと受け止められ、恐らくは大神氏の神職集団の復帰を意味する同時期の八幡神還坐と相即して、戦没者追善の意味をも込めて西大寺の伽藍が設計されたと言うことができよう。[24]

翌天平神護二年には、中納言の地位にあった吉備真備が大納言となり、八幡比咩神の神願により封六百戸が奉じられる。そして、天平勝宝七歳以来八幡神が遷座したと伝わる伊予国の伊曽乃神・大山積神等四神に神階と神戸が奉じられ、三宝に帰依し行道懺悔していた称徳の勅により大赦が命じられたのをはじめ、諸国の神祇にも封戸の施入が行われ、伊勢大神宮寺には丈六仏像が造立されて、先述のように一旦失脚した大神田麻呂が復権して豊後員外掾に任ぜられ

る。明らかに、称徳天皇の神仏観を反映した諸施策が講じられると共に、太政大臣禅師道鏡には、ついに法王という空前の地位が与えられるに至るのである。そして、この時同時に、大納言吉備真備は右大臣へと昇進する。

道鏡に対する破格の処遇が影響して、西大寺の創建等についても、道鏡の意志を反映したと受け止める向きが強いが、少なくともこの時点までの段階で、道鏡と八幡神或いは弥勒信仰との密接な関係を窺わせる史料は、管見の限り見当たらない。むしろ、宇佐・八幡社との関係からすれば、先に少し触れたように、大宰大弐から造東大寺長官に転任した吉備真備の影響を想定すべきではないだろうか。

仲麻呂の乱勃発時、真備は東大寺の造営を統括していた。当然、大僧都良弁やその弟子と目される道鏡とも、東大寺を通じて何某の関係を有したと推察される。その後、真備は中納言を経て正三位大納言へと、短期間の内に破格の昇進を遂げる。乱時の戦功からしても、道鏡と比して遜色ない処遇を受けており、称徳天皇の信任に見劣りする部分はなかった。してみれば、天皇独自の神仏観を尊重する形で、西大寺造営をはじめとする宗教政策にも、真備が然るべき助言を与えたと受け止めて大過ないと思うのである。

称徳天皇の宗教政策については、その神仏観を更に反映する形で、神護景雲元年（七六七）宮中御斎会が恒例行事として成立する。[25]この法会では、大極殿の高御座に盧舎那仏像を安置し、金光明最勝王経を講読するという、極めて特異な形式が見られた。[26]これと合わせて、宮廷女性の体裁をとるものが多い吉祥天を対象とする悔過が修される。尼天皇称徳は、本来自身の座とすべき高御座に盧舎那仏を安置し、法会に勤仕した可能性が存するのである。

翌年、興福寺の東方に春日社が造営される。[27]藤原永手の創祀と伝えるが、藤原氏の新たな氏社でありながら、東大寺と八幡社との関係を髣髴する形態が興福寺に取り入れられたとも受け取られ、一説に勅願と伝えるように、やはり称徳の神仏観を反映した出来事と評価される。これらの事実に留意すれば、称徳天皇の発願にかかる西大寺は、宇佐・八幡社に於ける八幡神と神宮寺・弥勒寺本尊の弥勒菩薩との関係を反映して、現人神天皇の坐す平城宮の神宮寺的な性格を帯びたと考えることが出来るのではないだろうか。

宇佐の八幡社に於いては、八幡神が弥勒菩薩を崇拝し、正月三箇日の修正会の夜に、弥勒寺に赴いて祈請すると神託で訴える。[28]同じような関係が平城宮と西大寺との間に成り立つとすれば、西大寺は、名称の類似に関わらず東大寺とは全く性格を異にする寺院と受け取られ、父帝・聖武に倣い、その政策に準じる意味合いで西大寺を創建したと単純に解釈することは憚られよう。

称徳は僧寺・西大寺と併置する尼寺として西隆寺を創建する。国分寺・国分尼寺併置との共通点もさることながら、この時期に、八幡大神のみならず八幡比咩神に対する厚い処遇が見られるようになり、八幡比咩神宮寺の創建が目論まれる。これらの事態には、女性（尼）天皇の治世であることを反映して、相通じる要素をそこに見出しうるのではないだろうか。

五　良弁の足跡

これまで、聖武朝から称徳朝に於ける東大寺・西大寺と八幡社の関係を巡る展開を追ってきたが、東大寺初代別当と位置付けられる

良弁は、そこでどのような役割を果したのか。改めて良弁の足跡とその意義を考えることにしたい。

良弁は相模国・漆部氏の出身で、僧正義淵の弟子と伝えられる[29]。夭逝した基王（某王）追善を目的に神護五年（七二八）に建立された金鐘山房の智行僧であったとすれば、羂索堂（羂索院）に居して、堂内の執金剛神をも崇める生活を送っていたと目される。やがて金鐘山房が発展した大和・金光明寺に於いて、教学の研鑽に努める過程で華厳の教説に接し、天平十二年（七四〇）十月に大安寺僧審祥を招聘して華厳経の講会を催した[30]。聖武天皇が平城京を離れていた同十五年頃には、金光明寺上座の地位にあったと認められる。その後、平城還都に伴い盧舎那大仏造立事業が金光明寺の地で継承されるようになったことから、朝廷との関係を一層深め、造立事業のみならず、大規模な写経事業にも主体的に関与するようになった。その際書写の対象とした経典の中に密部のものが散見することには、良弁の禅師としての性格が窺われる[31]。

天平勝宝四年（七五二）四月の盧舎那大仏開眼供養会に先立ち、同三年四月に、僧正菩提、律師道璿・隆尊と共に、少僧都に任ぜられ、東大寺の初代別当となった。その後、天平勝宝八歳の聖武太上天皇の不予に際し、禅師としての経歴より看病に従事し、崩御後その功により大僧都に昇任する。さらに、藤原仲麻呂政権下の天平宝字四年（七六〇）七月には、少僧都慈訓や律師法進と共に僧位の制定を進言するが、孝謙太上天皇と淳仁天皇・藤原仲麻呂との対立時に於いても、慈訓のように失脚することなくその地位を保ち続け、先に触れたように、藤原仲麻呂の乱に際して僧正に昇進した。

称徳朝に於いては、二月堂の観音悔過を始修したことで知られる実忠が、良弁の目代として東大寺の整備を管轄すると共に、西大寺や西隆寺の造営に関与した痕跡を留めることからすれば[32]、僧正良弁もまた、この実忠や道鏡との関係を通じて、同時期の政策に関与したと考えられる。神護景雲四年（七七〇）に称徳天皇が崩御し、白壁王が立太子しやがて即位する（光仁天皇）という状況下で、道鏡は下野薬師寺に配されるが、良弁の地位に変化は生じず、光仁朝の宝亀四年（七七三）に、後事を親王禅師早良に託して卒去した[33]。

冒頭で触れたように、正史『続日本紀』に於ける良弁関係の記事は、活動の内容に比して極めて少なく、四例しか見当たらない。そのため、正倉院文書に残る痕跡や、『東大寺要録』など後世に成立した史料や、説話的要素を含む伝記等からその生涯を辿らざるを得ないことになる。『続日本紀』の卒伝が、僧正という僧綱最高の地位にあり、またその編纂に最も近い時期の僧正であったにもかかわらず、玄昉など他の僧綱の例と比べて極めて簡素であるのは、あくまで憶測の域を出ないが、やはり親王禅師早良の及ぼした影響を想定せざるを得ないように感じられる[34]。

早良親王は光仁天皇と高野新笠との間に生まれ、桓武天皇の同母弟に当たる。天平宝字四年（七六〇）頃東大寺の羂索院で修行の生活を送っていた[35]。その師は等定とも実忠とも言われる。東大寺に入寺したのは、姉婿に当たる市原王が東大寺の造営に携わっていたことに関係するという推論も呈されている[36]。事情は定かでないが、神護景雲二年（七六八）ころ大安寺の東院に移り住んだ後も、東大寺の整備に関与していた。天応元年（七八一）に兄・山部皇太子が即位するに伴い（桓武天皇）、父帝の意向もあり、還俗して皇太子とされた。しかし、その四年後の延暦四年（七八五）に、長岡遷都に

反対する勢力により藤原種継が暗殺されると、関係者の自白に基づき、早良親王も一味に加担したとして乙訓寺に監禁され、無実を訴えるも淡路に配流となり、飲食を絶った早良は護送の途上に卒去するに至る。

やがて、母・高野新笠や皇后・藤原乙牟漏など、桓武天皇の近親に不幸が相次ぎ、早良に替わって皇太子となった安殿親王の病が早良の霊障と卜定された。桓武天皇は苦悩し、淡路に所在する早良親王墓の整備や天皇号の奉呈など、さまざまな手を尽くして慰撫に努めるが、延暦二十五年（八〇六）の崩御に至るまで、その霊障が宸襟を悩まし続けた。この過程で、編纂が進められた『続日本紀』から早良親王関係の記事を削除するように命が下る。このような事情で、良弁に触れた記事も削除された可能性が認められるのである。

良弁が東大寺別当、僧綱として、華厳教学の興隆、盧舎那大仏の造立と東大寺伽藍の整備、そして朝廷の宗教政策に関与していたのは、政治情勢が目まぐるしく変動する時代であった。その影響で、遺憾ながら十分な足跡を正史に留めるに至らなかったが、それでも、伝存するさまざまな史料や文化財等から、一様でない功績の内容と、それに対する評価を確認することが可能である。その一つとして、『東大寺要録』に、「八嶋寺記に良弁が弥勒菩薩の化身と伝わったと見える」とされていることが注目される(37)。

東大寺に伝わる四聖図には、聖武天皇・大僧正行基・僧正菩提そして僧正良弁という、東大寺の創建に尽力した四人の僧の姿が描かれる。聖武天皇のみ俗体であるが、間違いなく聖武も退位後出家を遂げていた。この四僧は、聖武天皇が観音菩薩、特に聖武天皇は聖徳太子の後身で救世観音の垂迹とされ、大僧正行基が文殊菩薩、僧正菩提が普賢菩薩、そして僧正良弁が弥勒菩薩の応現と言われている。

東大寺の三月堂（法華堂）に安置されていた弥勒仏坐像は、盧舎那大仏造立の試作となった試みの大仏とも称され、良弁の念持仏と伝えられた。残念ながら、この仏像は平安前期の作で、盧舎那大仏像の試作でもなければ、良弁の念持仏でもなかったことになるが、殊更にこのような伝承が付された背景には、やはり良弁と弥勒との密接な関係に対する認識が存在したと考えられる。

先に述べた、天平勝宝元年の八幡大神の上京、そしてこの神が弥勒を崇敬するとして、境内に神宮寺・弥勒寺の建立を見ていたことからすれば、当時盧舎那大仏造立と東大寺建立を管轄していた良弁が、八幡神を鎮守として境内に勧請することについても、何某の役割を帯びたに相違ない。また、藤原仲麻呂の乱ののち西大寺の創建が称徳天皇により発願されると、当時僧正の任にあった良弁が、その造営をはじめ関連事業の企画推進に関与したことも、十分に想定しうるものと言える。かつてその使僧の立場にあった道鏡の去就について、良弁自身が如何程関わったかは定かでなく、道鏡の下野配流により良弁の地位が全く変化しなかったことからしても、道鏡の皇嗣に関係する八幡神の託宣を巡る一件には関わっていなかった可能性が高いように思われるが、この一件もまた、天平勝宝六年の厭魅事件の場合と同様に、あくまで神託を詐る謀略により生じたもので、改めて和気清麻呂が伝えた神託により道鏡の皇嗣が否定されていることから、八幡神の威光や弥勒信仰自体に影響を及ぼすものではなく、結局東大寺と八幡神との関係もそのまま維持されたと考えられる。

弥勒は諸菩薩の中で最も早く如来となる未来仏として崇められ、その兜率天への往生が希求された。やがて弥勒菩薩の出現・成仏を構想する弥勒下生の信仰が盛んとなる。二月堂の試みの大仏もまた、この信仰に依拠して、弥勒菩薩像でなく弥勒如来像として製作された。このことから、大乗菩薩行を実践し成仏を志向する最も模範的な僧侶として、盧舎那大仏の造立と東大寺の整備・運営を主導し、八幡神勧請に際しても東大寺僧団の中心的な位置にあった良弁のイメージがこれに重なり合わされ、良弁自身が弥勒の応現とする観念が形成されたのではないだろうか(38)。

あくまで推測の域を出ないものであるが、単に東大寺四聖の一人として機械的に弥勒菩薩との対応がなされたものでなく、伝えられる良弁の性格や業績等を反映し、最も相応しいイメージとして受け止められたように思うのである(39)。

おわりに

これまで述べてきたように、東大寺と西大寺に共通する要素として、八幡神との関係が注目される。東大寺はその鎮守として勧請した八幡神を境内に安置し、西大寺は豊前・宇佐八幡宮の神宮寺である弥勒寺を模範として伽藍を構成した。特に後者については、西大寺を創建した称徳天皇の時代に、改めて八幡神とその信仰に対して崇敬の姿勢が示され、道鏡の皇嗣に纏わる神託の問題を惹起することになった。早くから仏教信仰との融合を示した八幡神の性格に鑑みて、聖武天皇や称徳天皇の志向する仏教と王権との関係に於いて、然るべき役割を期待したことは十分に理解しうるものと考えるが、その意を介した良弁等東大寺の僧にとっては、弥勒菩薩を崇敬し境内に弥勒寺を導いたと伝える八幡神の存在は、弥勒信仰を通じて教学的根拠を天皇に提供する役割を導くものであったと推察される。

特に、金の産出を契機として聖武天皇が転輪聖王(その最高位たる金輪聖王)の跡を辿る姿勢を見せ、退位出家を行うと、転輪聖王と浅からぬ関係を有する弥勒の存在は一層重視されることとなり、合わせて、伝統的な天皇の宗教的権威との整合を図るべく、かつて聖武天皇の玉体護持の意味合いから意識に登っていた八幡神の東大寺への勧請や弥勒寺伽藍の西大寺への反映を導くことになった。託宣を頻発する八幡神の性格から、政治上の混乱を導く事件も生じたが、結局その信仰は維持され、八幡神についても、皇祖神の立場に加え、やがて菩薩としての性格も確立されるに至る。平安期に至って、改めて平安京の南西の方角に八幡神が勧請され(石清水八幡宮)、さらには源氏の祖神としての扱いを受けるに至ったことは、よく知られるところである。

このような八幡信仰の展開の原点が、聖武朝から称徳朝にかけて生じた一連の動きにあることを再確認し、以後の神仏融合の過程に位置付ける必要があるように思われる。

最後に、史料的な制約により、東大寺初代別当となった良弁と八幡神との直接の関係について確言は憚られるが、八幡神勧請の経緯や西大寺造営に対する関与の可能性からしても、浅からぬものがあったと推し測られる。そして、その史料的な制約を導いたのが、何よりも良弁から華厳一乗を託されたと伝えられる親王禅師早良との関係であり、『続日本紀』から関連記事が削除されたことによるものと受け取られる。先に触れたように、良弁が弥勒菩薩の化身と伝

えた出典が「八嶋寺記」であると『東大寺要録』に見え、その八嶋寺こそは、親王禅師早良の墓寺として、鎮魂を目的に建立された寺院であったことは、逆に良弁と早良との浅からぬ関係と、それ故に講じられた記事削減の可能性を暗示するように思うのであるが、如何であろうか。

（ほんごう　まさつぐ・立命館大学）

註

（1）『続日本紀』天平勝宝元年二月丁巳条。以下、特に断わらない限り、『続日本紀』に基づく。

（2）但し、『東大寺要録』巻四 諸院章第四では、前年の天平二十年に八幡神が東大寺に勧請されたと伝える。

（3）八幡神とその信仰については、数多くの優れた先論がある。中野幡能『八幡信仰』（塙書房、一九八五年）、飯沼賢司『八幡神とは何か』（角川書店、二〇〇四年）等参照。

（4）『東大寺要録』巻一 本願章第一
「又相伝云、良弁僧正弥勒井之化身云々。見二八嶋寺記一云々。」

（5）三橋正「大仏造立と日本の神観念―神仏習合の多重性を探る―」（ザ・グレイトブッダ・シンポジウム論集第三号『カミとほとけ―宗教文化とその歴史的基盤―』法藏館、二〇〇五年）

（6）『続日本紀』天平宝字元年七月庚戌条に見える、橘奈良麻呂の乱の際の佐伯全成の言葉に、天平十七年の聖武の病についての橘奈良麻呂の辞として示される。

（7）『類聚三代格』巻三　定額寺事　承和二年八月十五日付太政官符
「依二太政官去天平十七年十月十二日騰勅符一、件寺（弥勒知識寺）始置二僧廿口一、施二入水田廿町一。」

（8）『東大寺要録』巻四　諸院章第四
弘仁十二年八月十五日付太政官符
「天平十八年天皇不予。禱祈有レ験、即叙二三位一、封四百戸、度僧五十口、水田廿町。」

（9）『大日本古文書』二十四　正倉院文書
「「合」三百七十文八幡太神奉納米運功残即米之内五俵賣、即漕功用耳。」

（10）直木孝次郎「宇佐八幡と東大寺の関係―『正倉院文書』の一断簡から―」（同『奈良時代史の諸問題』塙書房、一九六八年）

（11）『扶桑略紀』第六　元正天皇養老四年九月条
「大隅・日向両国乱逆。公家祈二請於宇佐宮一。其祢宜辛嶋勝代豆米相二率神軍一、行二征彼国一、打二平其敵一。大神託宣曰、合戦之間多致二殺生一。宜レ修二放生一者。諸国放生会始レ自二此時一矣。」

（12）聖武天皇の不予と八幡神の託宣の関係については、稿を改めて論ずる予定である。

（13）『扶桑略記抄』巻二　聖武天皇天平廿一年正月四日条
「或記云、東大寺大仏料、為レ買二黄金一企二遣唐使一。然宇佐神宮託宣云、可レ出二此土一者。世伝云、天皇差二使於金峯山一、令レ祈二黄金一之時出矣。託宣云、一云、入レ夢。我山之金、慈尊出世時取可レ用。但近江国志賀郡瀬田江辺、有二一老翁石座一。其上作二観音像一。敬致二祈請一黄金自出焉。仍訪二求其処一、安二置如意輪観音像一。今石山寺是也。沙門良弁法師祈二誓件事一、其後不レ歴二幾日一、従二陸奥国一献レ金。件金先分二百廿両一、奉二宇佐神宮一。」
『東大寺要録』巻四　諸院章第四や『八幡宇佐宮御託宣集』等にも、これと同類の記事が存するが、もし八幡神の託宣により産金が生じ、その報賽として宇佐神宮に百二十両もの金が奉納されたとすれば、聖武天皇の詔にその事が全く触れられないのは、理解に苦しむところとなる。

（14）『八幡宇佐宮御託宣集』など。同時に、八幡社の神戸から毎年一人を得度させて弥勒寺に入寺させることと定められた。
『類聚三代格』巻二　年分度者事
「太政官符
　豊前国八幡神戸人出家事
右奉二今月廿二日勅一、件神戸人、毎レ年一人宜下令二得度一入中彼国弥勒寺上。
　天平勝宝元年六月廿六日」

（15）拙稿「聖武天皇の生前退位と孝謙天皇の即位」（『日本史研究』六五七、二〇一七年）

（16）水野柳太郎「続日本紀編纂の材料について―東大寺の食封をめぐる―」（『ヒストリア』二八、一九六〇年）

（17）前掲註（5）三橋正論文

（18）先に触れた、八幡神が金の産出を予言したとする伝で、八幡神の指示

により近江の瀬田江で産金を祈請したのが良弁とされているなど、産金をめぐり八幡神の託宣と良弁を結び付ける内容が認められる。前掲註(13)参照。

(19) 岸俊男「良弁伝の一齣」(『日本古代文物の研究』一九九八年、塙書房。初出は『南都仏教』四三・四四、一九八〇年)

(20) 後世の史料であるが、『八幡宇佐宮御託宣集』には、天平神護二年(七六六)六月二十二日に発せられた託宣として、次のような内容が見える。

「比年乃間、朝廷仁嫌捨天給布諸人等乃霊、大小乃患競発天奉悩乎、好々解除志天奉守留倍志。然毛為此霊等仁可放生志、不清浄乃人者、令出離与、彼等加心毛無怨志弖悉止息志奈牟。逆人仲麻呂乃霊者、下津未奈都利与率諸悪鬼弖志、天朝乃御命乎取良牟土須。可放生志者、」

(21) 『宇佐八幡宮弥勒寺建立縁起』(石清水文書)

「(天平勝宝)七年、以祢宜大神朝臣杜女授従四位下、而天皇朝庭被責命奉仕之間、大御神託宣曰、汝等穢有過、神吾白今不帰、文、則退給、従大虚渡太海移坐伊予国宇和嶺」

(22) 天平神護二年(七六六)十月に、無位大神朝臣田麻呂に対して再び外従五位下が授けられ、豊後員外掾に補任される。

(23) 『八幡宇佐宮御託宣集』

「天平九年丁丑四月七日託宣、

我礼当来導師弥勒慈尊乎欲崇布、遷立伽藍奉安慈尊利、一夏九旬乃間、毎日奉拝慈尊牟者、依大神願奏太政官、始自同十年五月十五日従日足禅院十三年之後、移来建立之。今弥勒寺是也。」

「薬師勝恩寺者、弥勒禅院同時、天平十年五月十五日、自日足浦移来建立之。今金堂是也。」

(24) 拙稿「称徳朝神仏関係の再検討—西大寺と八幡弥勒寺—」(『立命館史学』四〇、二〇一九年)

(25) 吉田一彦「御斎会の研究」(『日本古代社会と仏教』吉川弘文館、一九九五年。初出は『延喜式研究』八、一九九三年)

(26) 山本崇「御斎会とその舗設—大極殿院仏事考—」(『奈良文化財研究所紀要』二〇〇四年)

(27) 福山敏男「春日神社の創立と社殿配置」(『日本建築史の研究』、綜芸社、一九八〇年)

(28) 『八幡宇佐宮御託宣集』

「孝謙天皇七年、天平勝宝元（七カ）年十一月八日、神託、我礼以十二月晦夜天移御寺利、修正三箇夜之間、衆僧入堂之時者跪候仏後戸外天、衆僧入堂乃後波参候仏前露地天、奉祈天朝牟者」

(29) 『東大寺要録』巻一　本願章第一　根本僧正伝

この伝記については、松本信道「『東大寺要録』良弁伝について」(『駒沢史学』二九、一九八二年)参照。

(30) 『東大寺要録』巻五　諸宗章第六　東大寺華厳別供縁起

なお、堀池春峰氏は、良弁が華厳教学に傾倒した契機として、天平十二年二月に聖武天皇が河内・知識寺の丈六盧舎那仏像を拝したことと、唐で華厳の隆盛を経験した玄昉僧正の影響を指摘される。(「華厳経講説より見た良弁と審祥」(同『南都仏教史の研究　上』、一九八〇年、法藏館)

(31) 大和金光明寺(東大寺)に於ける良弁の行状については、濱道孝尚「正倉院文書からみた僧良弁の実像」(栄原永遠男他編『東大寺の新研究2　歴史のなかの東大寺』法藏館、二〇一七年)参照。

(32) 『東大寺要録』巻一　本願章第一

「(天平宝字)八年九月十一日、大発願造七尺金銅四天王像兼立伽藍。西大寺是也。実忠和尚立西隆寺別院」

(33) 『東大寺要録』巻五　諸宗章第六　華厳宗

「僧正臨終時、偏以花厳一乗付属崇道天皇、々々敬受伝持不断亦其力也。」

(34) 牧伸行氏は、『続日本紀』の僧侶の伝記の原資料とされたのが、各寺院が提出した縁起様文書であり、それは経済的特権の確保を目的とし、また寺院の権威付けの必要性から、良弁よりもむしろ聖武天皇・孝謙天皇といった天皇家との関係を強調したことで、『続日本紀』編纂時の同文書には良弁の伝記が記されていなかったことによると推測されている。しかし、他の僧伝の内容から、必ずしも上記の目的をもって作成された所属寺院の縁起類文書のみが原典とは言えず、やはり、何らかの必要から『続日本紀』編纂段階で、意図的に簡素な記事に留め置かれたと受け取るのが妥当であるように思われる。(牧伸行「良弁と『続日本紀』」、『佛教大学総合研究所紀要一九九八(別冊)号』、一九九八年)

(35) 『大安寺崇道天皇御院八嶋両処記文』(『大日本佛教全書』寺誌叢書二)

「白壁天皇第二皇子早良親王諱崇道、初以東大寺等定大僧都為師、寄住羂索院。」

(36) 西本昌弘『早良親王』(吉川弘文館、二〇一九年)
(37)『東大寺要録』巻一 本願章第一(前掲註(4)参照)
(38) 速水侑氏は、律令社会においては、その「戒律為本」思想と儒教との親近性から、専ら弥勒上生信仰が受け入れられ、弥勒が下生して成仏する際に結縁を求めるという下生信仰は発展しなかったと説かれる(同「律令社会における弥勒信仰の受容」、『南都仏教』一〇号、一九六一年)。しかし、平安初期の作と目される東大寺弥勒如来坐像(試みの大仏)の存在からしても、弥勒下生の思想が認識されていた可能性は否定できず、また、「長谷寺銅板法華説相図」の銘文に「聖帝超金輪同逸多」と、天皇の徳が金輪聖王を超えて弥勒と同じであると解される表記が窺われることなどから、必ずしも弥勒菩薩の兜率天への往生を希求する上生信仰のみが発展したとは言い難いように思われる。
(39) 南山城の木津川南岸に位置する笠置寺は、十五メートルの弥勒磨崖仏を本尊とする山林寺院で、良弁やその弟子・実忠との深い関係が縁起に伝わっている。東大寺が伽藍造営に利用する資材等の運搬の必要により、良弁がこの地で指揮したことから語り継がれたと推測されているが、良弁がこの地で修したと伝えるのは千手秘法であり、弥勒仏との直接の関係は窺われない。堀池春峰「笠置寺と笠置曼荼羅についての一試論」(『仏教芸術』十八、一九五三年)参照。

正倉院文書からみた良弁僧正と東大寺僧

濱道孝尚

はじめに

良弁僧正の存在は、奈良時代の卓越した高僧の一人として知られている。僧正は草創期の東大寺にて、類いまれな学識と政治手腕を遺憾なく発揮し、その後千年を超える東大寺の発展の礎を築いた僧侶とされ、現在に至り篤く敬愛と信仰を集めている。良弁僧正は『続日本紀』によれば宝亀四年（七七三）閏十一月二十四日に入滅した。卒伝の入滅時の年齢から逆算すれば、持統天皇三年（六八九）の生まれとなる。俗姓は漆部直とであるとされ[1]、義淵師に師事していたとされている。同時代史料における初見は、正倉院文書にみえる天平十三年（七四一）七月二十三日の記述に、「良弁師所」とみえるのが史料上の初見である（七ノ四九四）[2]。僧正はその後、天平勝宝三年（七五一）四月に僧綱の少僧都、同八歳五月に大僧都に就任し[3]、天平宝字八年（七六四）九月に僧正へと就任した[4]。『東大寺要録』によれば、良弁僧正は天平宝字四年正月の勅により、「寺内一時已上政」をとることになり、東大寺初代別当に就任したという。

本稿の目的は、主に正倉院文書にみえる僧正良弁の動向に焦点を当て、その歴史的実像の一端を明らかにすることである。その際、僧正と東大寺僧や内裏との関係にも注目する。なお本稿では、良弁僧正および同時代の東大寺僧たちを、学術論文における歴史的人物として扱うため、原則として僧正・師などの記載を省いて表記することをご了承いただきたい。

一　正倉院文書研究と良弁僧正

良弁の存在は古くより研究者の注目を集め、その伝記研究を中心に優れた論考が発表されてきた[5]。詳細は旧稿[6]に譲るが、基本的に初期東大寺において他僧に比して隔絶した地位にあり、その政治的手腕と教学的実践により、初期東大寺において中心的な役割を果たしたと考えられている。良弁が当該時期の傑出した僧侶の一人であっ

たことについては、筆者もなんら異論がない。

ところで、当該時期には正倉院文書という具体的な記述に富んだ、一次史料である文書群が存在していることは周知の通りである。七〇年代頃までの研究動向では、同時代史料である正倉院文書は部分的に用いられており、十分に活用されていない状況であった。正倉院文書の記載の多くが極めて具体的な情報を含みながらも、断片的なものであったからである。

そのような研究動向において、正倉院文書を良弁の伝記史料として用いた早い時期の研究として、岸俊男氏の論考をあげることができる(7)。岸氏は正倉院文書の記述を用いて僧正補任の時期を明らかにし、さらに「…当時僧綱に名を列ねた多くの僧侶をみても良弁ほど長い経歴を僧綱にもち、少僧都からついに僧正にまで至った者はいない。玄昉・行信・慈訓・道鏡などはいずれもその間の激烈な政争の渦に巻き込まれ数奇な運命をたどっている。そうしたなかで良弁が彼らと異なってともかくその生涯を無事に全うしえたのが何故であるかは答えるまでもなくおのずから明らかなように思う」と述べ、明言は避けているが、良弁の当該時期の政局への関与について消極的に評価している。岸氏が正倉院文書を伝記研究に取り入れた試みの背景には、正倉院文書を用いることによって、編纂史料のなかの、ある意味で伝承化された良弁像を相対化しようとする意図があったものと推測する。その意味において、従来の伝記研究との画期を示したものといえる。

その後、正倉院文書研究の進展と精緻化を受け、正倉院文書を分析した研究のなかで、良弁の実像を具体的に究明しようとする研究が現れた。そのような研究のなか、山下有美氏の諸論考は重要なものである。まず、山下氏は寺院社会論の観点より、東大寺の花厳衆組織と六宗組織の実態を詳細に分析し、そこに深く関わった良弁についても多くのことを明らかにした(8)。その論点は多岐にわたるが、良弁・教輪・智憬の三名が東大寺を代表する堂である羂索堂を在所とし、東大寺の経巻を管理する寺堂司の構成員であったことを明らかにした。また、智憬・教輪・仙寂・寂雲らが良弁の弟子に当たるとした。さらに、良弁が寺内の宗同士を調整する存在であったとし、そして、六宗への経疏貸出が良弁宣によってなされることが非常に多いことを指摘し、良弁が特別の権限をもっており、良弁の判や連署こそが最大の保証と考えられていたこと、またそれが三綱の立場によって行われたのではなく、特殊な地位にいて六宗を統括していたとした。

さらに山下氏は、造石山寺造営機構が発給した「造石山寺所解移牒符案」の分析に基づき、造石山寺造営機構の機能と展開を、当時の政治動向をふまえて詳細に位置づけた(9)。氏は石山寺造営に対して、良弁の強力なリーダーシップが発揮されたことを明らかにした。良弁の石山寺滞在により、良弁と保良宮との結びつきを背景に、石山寺が「東大寺の石山院」に格上げされることになり、「造石山寺所」から「造石山院所」へと名称が変更されたとする。また、内裏の意向や自分の命令を造東大寺司政所に伝えるという、良弁のもつ独自の機能の一端を石山寺造営機構が担うようになり、それを事務的には安都雄足が補佐するという体制が確立するとする（山下氏はそのような体制を「石山院体制」と呼称する）。そして、そのような流れの一方で、造東寺司政所内には良弁・安都雄足の体制に対して反発する動きもあったとも指摘している。

筆者も旧稿において、史料上で良弁と接点のあった僧侶を検討することにより、東大寺内における良弁をめぐる人間関係を究明することを試みた。良弁と接点あった僧侶たちをあらためて掲出すれば、【表1】の通りである。このことにより、智憬・教輪・仙寂・泰敏・仙隆らが良弁と日常的に多く接点を持っていた僧侶であったと推測し、弟子に相当していたと述べた。また、従来の研究において著名な東大寺僧が、漠然と良弁の弟子とされていることに疑義を呈した。その筆頭は安寛で、『三国仏法伝通縁起』では安寛は良弁の弟子とされているが、史料上の接点は上述の僧たちに比べて少ないこと、後述のように良弁を介さずに独自に内裏や東大寺外の高僧とも交渉があったことから、安寛は良弁の弟子には相当せず、仮に弟子であったとしても、早い段階で独自の基盤を築くに至っていた可能性を指摘した。

以上をふまえ、行論上旧稿と重複する部分もあるが、あらためて正倉院文書における動行を中心に良弁について論じてみたい。

二　正倉院文書からみた良弁僧正の基礎的事項

本章では、考察の前提として、正倉院文書にみえる良弁について、基礎的な事項をまとめる。まず、正倉院文書にみえる良弁の活動を概括し、次に史料に現れる良弁に対する呼称について注目してみたい。

(一)　正倉院文書にみえる良弁の諸活動

正倉院文書にみえる良弁の活動について分類すると、次のように大別できる。

①東大寺の寺務・運営に関わるもの
②写経所における経巻の出納、および管理に関わるもの
③写経所における写経事業に関わるもの
④教学・法会などに関わるもの
⑤石山寺造営に関わるもの

【表1】正倉院文書において良弁と接点の確認される僧尼

	僧侶	回数	所属寺院
1	仙寂	7	東大寺
2	智憬	5	東大寺
3	教輪	5	東大寺
4	泰敏	4	東大寺
5	玄愷	5	東大寺
6	平摂	4	元興寺
7	仙隆	3	東大寺
8	慈訓	3	興福寺
9	教演	2	東大寺カ
10	弘明	2	(不詳)
11	玄澄	2	(不詳)
12	小尼公	2	(内裏・恭仁宮)
13	道鏡	2	東大寺
14	安寛	1	東大寺
15	花頌	1	金光明寺
16	貴安	1	東大寺
17	鏡勝	1	東大寺カ
18	光道	1	(不詳)
19	実忠	1	東大寺
20	寂雲	1	東大寺
21	勝貴	1	東大寺
22	仁憬沙弥	1	(佐保宅沙弥)
23	泰明	1	東大寺
24	貞軫	1	東大寺カ
25	諦集	1	元興寺
26	牒寵	1	東大寺
27	珍宅	1	東大寺
28	平栄	1	東大寺
29	法貴	1	東大寺カ
30	瑯慧※	1	東大寺カ

※朗慧と同一人物か
表では単に「大徳」とみえる僧との事例は省いている。

このうち、②・③・④については天平十三年以降、通時的に確認することができ、現存の良弁の関係史料のなかで過半数を占めている。このことは良弁が前述の山下氏の羂索堂のツカサとして活動していたという見解とも矛盾しない。また、「一切経散帳」（後掲の【史料六】）の記載にみられるように、少なくとも天平十八年閏九月頃より、そういった活動を認めることができる。ただし、天平勝宝六年を過ぎる頃からそのような活動を示す史料は激減する。

そして、多数の経典に関わる史料がある一方で、天平勝宝八歳までは良弁が寺務に関わったことを明示する史料は、正倉院文書には見当たらない。その点で安寛・平栄といった東大寺僧たちが、寺の実務に関わることを確認することができることとは対照的である。寺務に関わる史料としては、寺物の出納に関わる史料や、⑤の石山寺の造営に関わる史料である。⑤については石山寺の造営が進められた天平宝字五・六年にみえるものである。

以上のように概括したとき、正倉院文書という史料群の性格に起因する史料的な偏りを考慮としたとしても、現存の一次史料に現れる良弁の具体的な諸活動については、時期的・内容的に大きな偏りがあると言わざるを得ない。この点を認識の前提として、どのように史料を理解するかが問題となる。

（二）正倉院文書にみえる「大徳」

（一）「大徳」について

つぎに、旧稿でも言及したが、良弁をめぐる史料上の問題のひとつとして、あらためて正倉院文書にみえる僧侶に対する「大徳」という呼称について検討したい。

検討の前に一般的な事項を確認しておきたい。そもそも漢語としての「大徳」は「偉大な徳」を示す言葉で、古くは『詩経』などにもみえる語である。[10] 仏語としての「大徳」はそのような徳の高い人、有徳者の意から、長老・仏・菩薩・高僧に対する尊称とされるようになったという。転じて中国禅では二人称の代名詞、貴公の意や長上への尊称ともなり、隋唐時代には訳経従事者またその官職、さらには中央の僧官の職名に用いられたこともあったという。そして、我が国において「大徳」の語は、広く僧の呼称となったとされる。[11] 時代が下れば、今様のなかに「峯の花折る小大徳、面立よければ裳袈裟よし」と小坊主のことを指して歌われるようになるなど（『梁塵秘抄』三〇四）、一般的な僧への敬称・尊称となっていったようである。

さて、古代においては、「大徳」の語はどのように用いられていたのだろうか。『六国史』の事例を通覧するに、それは高僧への敬称・尊称と用いられていたが、その使用例にはいくつかの類型が存在するように見受けられる。煩雑ではあるが、史料に即して具体的に確認してみたい。まず一つ目は法会などに屈請された僧侶を呼称する際に用いられるものである。

【史料一】『続日本紀』天平十五年正月癸丑条

為ㇾ読二金光明最勝王経一、請二衆僧於金光明寺一。其詞曰、「天皇敬諮二四十九座諸大徳等一…（後略）

史料は金光明寺での『金光明最勝王経』の転読を伝えるものであり、その際の高座の僧侶たちを「大徳」と称している。

二つ目は僧侶の卒伝にみられる例である。

【史料二】『日本後紀』弘仁二年六月戊辰条

大僧都伝燈大法師位勝悟卒。法師俗姓凡直、阿波国板野郡人也。法師初為二尊応大徳弟子一。是則芳野神叡大徳之入室也。

本条のように、卒伝の対象である当人を「法師」とし、その師を称する際に「大徳」という語が用いられる事例が多くある。これは卒伝の対象者の師資相承を顕彰して示すための、修辞の一環として用いられているものと考える。本条の勝悟は入滅時に大僧都の位にあったが、そのように高位に昇った高僧であっても、本人に対しては「大徳」とは記さない点には留意すべきであり、呼称の如何が当人の生前の公的な地位によってはいないことを確認したい。

次の史料は聖武天皇の看病禅師たちの戸課役を免じ、さらに鑑真・良弁・慈訓・法進・慶俊らを僧綱に補任した際の勅である

【史料三】『続日本紀』天平勝宝八歳五月丁丑条

丁丑、勅、奉二為先帝陛下一、屈請看病禅師一百廿六人者、宜レ免二当戸課役一。但良弁・慈訓・安寛三法師者、並及二父母両戸一。然其限者、終二僧身一。又和上鑑真・小僧都良弁・華厳講師慈訓・大唐僧法進・法華寺鎮慶俊、或学業優富、或戒律清浄、堪二聖代之鎮護一、為二玄徒之領袖一。加以、良弁・慈訓二大徳者、当二于先帝不予之日一、自尽二心力一、労二勤昼夜一。欲レ報二之徳一、朕懐罔レ極。宜下和上・小僧都拝二大僧都一、華厳講師拝二小僧都一、法進・慶俊並任中律師上。

勅では聖武太上天皇の看病禅師百二十六人のなかで、特に良弁・慈訓・安寛の三法師の功を賞し、さらにそのなかでも良弁・慈訓を「二大徳」と称揚する文章のはこびとなっている。このような語の用例からは、「大徳」が特に公的な職位を反映したものではなく、より明確に修辞としての性格が強いものであったことをうかがわせる。すなわち以上の例より、正史における「大徳」の語は高僧に対する敬称・尊称ではあったが多分に修辞的に用いられたものであったことが分かる。なお、【史料二】の例からは、智業や呪術的実践に優れた僧であるという含意は認められるかもしれない。

（二）正倉院文書にみえる「大徳」

では、上述の用例をふまえて、「大徳」の語は奈良時代にはどういった使われ方をしていたのであろうか。正倉院文書にみえる「大徳」の用例は百六十例であり、【表2】の通りである。表からは以下のことを読み取ることができる。

【表2】正倉院文書にみえる大徳

	僧侶	所属寺院	
1	良弁	金光明寺・東大寺	85
2	平摂	元興寺	4
3	暁仁	元興寺	2
4	慈訓	興福寺	2
5	審詳	大安寺	2
6	法宣	大安寺	2
7	宣教	金光明寺	1
8	教輪	東大寺	1
9	智憬	東大寺	1
10	敬俊※	大安寺	1
11	玄智	大安寺	1
12	弘曜	薬師寺	1
13	玄機	観世音寺	1
14	玄印	（不詳）	1
15	永金	（不詳）	1
	正基	薬師寺？	1
16	宣証？	興福寺？	1
17	業行	外嶋院？	1
18	（大徳のみ）		33
19	（大徳のみ・良弁僧正？）		18
総計			160

※慶俊と同一人物か

(a)史料上で「大徳」と称される僧侶は限られている。
(b)具体的な人名が記載されている事例では、良弁が圧倒的多数の例を占める。
(c)【表2】の網掛け部分にみえる僧侶の事例は経典の借り出し状にのみみえる。
(d)「大徳」とだけあっても、良弁僧正であると確定できる事例、または推定できる事例もある。
(e)東大寺の運営に尽力した著名な僧侶であっても「大徳」とは称されない。

(c)について付言する。一例を示す。

【史料四】「造東寺司牒（案）」（続修別集六③、三ノ五一〇～五一一）
※史料文中の〈 〉内は割書きの細字を表す。／は割書きの折れ目を示す。以下同じ。

造東寺司牒　宣教大徳房下
奉請疏五部卅五巻〈一部不レ知巻数〉
　無量義経疏一部〈側法師撰〉
　法花論子注一部三巻
　唯識論要集一部十巻〈道勝師集〉
　瑜伽抄廿巻〈基法師撰〉
　正理門抄一部二巻〈備法師撰〉
牒、今依二令旨一、応レ写二件疏一。此求二他所一、都無レ所レ得、承レ聞下在中大徳房中上。仍差二舎人阿刀月足一、充レ使令レ向。乞察二事趣一、須更之間、分二付此使一、今具レ状牒、
　天平勝宝三年六月十四日主典従七位下紀朝臣池主
玄蕃頭正五位下

史料は造東大寺司が一切経の底本とするために各所に論疏を求めて、借り出しを依頼した際の文書である。そのため、文言にも「聞き承る」のように敬意の表現が用いられている。したがって、当該史料のような「大徳」の用いられ方は、そのような状況に応じて、宛先の僧侶に対して意図的に丁寧な表現がなされていると考えるべきである。そのように考えてこれらの事例を除けば、写経所文書において「大徳」と呼ばれていた僧侶はさらに限定され、良弁・平摂・慈訓・審詳・慶俊・玄機・業行・正基・智憬・教輪のみとなる。玄機・業行・正基についてはその業績は不詳であるが、そのほかの僧たちはそれぞれ奈良時代を代表的する高僧であったことが分かる。

(d)について付言すれば、次のような事例である。たとえば、「一切経散帳」（後述）の勝宝二年四月十六日条に、「大徳宣」により『摩利支天経』が佐保宅に送られたという記述がみえる（一一ノ二二五）。『経本出納帳』という別の帳簿には、同日の同内容の奉請（送付）が「良弁大徳宣」によるものであったと記されている（一〇ノ六三〇）。以上より、前述の「大徳」が良弁であったことが確認される。また、状況証拠にはなるが、「大徳宣」が良弁を指す可能性が高いと推測される場合もある。例えば奉請先（送り先）が智

憬・教輪・仙寂らであるような事例である。無論、これについては個々の史料的検討が必要であるが、（d）を踏まえれば、正倉院文書の「大徳」が良弁を指す事例はさらに多くなると考えられる。

また、【表2】において重要なことは（e）である。これは、東大寺内において相応な地位や学識を有していた僧侶に対して、「大徳」という呼称が用いられていないということであり、安寛・平栄・実忠らがそのような例に当たる。写経所文書を記す立場であった事務官たちが、彼らの存在や地位を認知していなかったとは考えにくく、事務官たちにとって該当の僧たちを「大徳」と称する意図がもとよりなかったと考えるべきである。また、このことは奈良時代の寺内において、「大徳」の呼称が中国の事例のようになんらかの公的な職位、たとえば三綱などの地位に即応したものではなかったことも示唆している。

以上をふまえれば、「大徳」というのは公称ではないが特別な呼称であったことが分かる。そうであったからこそ、転じて（c）のような用例が確認されるのであろう。そして、正倉院文書において「大徳」という呼称が用いられるのは、ほぼ良弁を対象にしたものであったということになる。

(三)「大徳」の意味

それでは、「大徳」という呼称は一体何であり、そして現存史料において、東大寺内でほぼその呼称を独占した良弁とはいかなる存在なのであろうか。まず、良弁が東大寺において、当該時期に突出した存在であった、少なくとも文書の記主たる事務官らにとってもそうであったことは明白である。このことは、正倉院文書が主として写経事業を遂行するための官司であったということとも関係があったと推測する。すなわち、前述のように良弁の活動は写経所に極めて近いところでなされていたため、良弁は東大寺における重要な地位にある僧であったというだけでなく、事務帳簿（写経所文書）の記主である事務官たちにとって日常的に敬意を感じさせる存在であったのではないだろうか。「大徳」がこれほどまでに限定的な用例である背景には、良弁の地位が東大寺内で高いものであっただけでなく、そのような事情も存在したのではないかと推測する。

そのように想定したとき、智憬・教輪を「大徳」と称する次の事例に注目できる。

【史料五】「奉請論疏等注文」（続々一二ノ九④、一二ノ一六）

倶舎論〈卅巻〉又疏一部〈卅巻〉起信論疏二巻　起信論私記一巻　又疏一巻　枢要私記二巻　法花略述一巻
小因明疏一巻　宝性論科文一巻　問答一巻　文軌師
〈又仁王経一部二巻〉
抄一巻　高僧伝略集二巻〈已上憬大徳所〉
楞伽経疏四巻〈已上輪大徳所〉

本史料にみえる「憬大徳」と「輪大徳」はそれぞれ智憬と教輪のことを指している。このことは上述の「大徳」の呼称からすれば、例外的な用法と位置付けられる。では、なぜこの二僧が「大徳」と称されたのであろうか。本史料は現状では、各所の経巻の所在を確認するために智憬が作成した目録（「応写章疏等所在目録」（続々修一二ノ九②、一二ノ九～一二）、「応写章疏等所在目録」（続々一二

ノ九③、一二ノ一六）の末尾に継がれて成巻されている。内容としては同じく論疏類の所在を示すものであるが、目録として形式の整備されたものではなく、いわばメモ書きのような断簡である。したがって、本来は目録と別個に存在していた文書であり、また記載された情報が目録として整理された際には、破棄される性格の史料であったと考えられる。山下氏はこの部分について、写経所の担当者が智憬らに聞いて書いたものであると推測している（山下註8論文）。しかし、そのような性格の史料であるからこそ、特別に両人が「大徳」と記されたのではないだろうか。それは、良弁大徳と同じく羂索堂にあり、良弁大徳に近侍する両人に対しての、事務官たちのふとした敬愛が表現された結果ではないかと考える。

（四）「上座大徳」をめぐって

　良弁の実像を考える際、避けられない問題のひとつに、正倉院文書にみえる「上座大徳」をどのように理解するかという問題がある。「上坐大徳」は天平十五年の経巻の櫃記（出納記録[12]）のなかにみえる。当該条によれば、「上坐大徳」の宣により、天平十五年三月二十三日、『仏蔵経』四巻・『浴像功徳経』一巻・『灌仏経一巻』が、平摂のもとに送られた（二四ノ一七八）。

　従来、この「上座大徳」は良弁に比定され、そして良弁が三綱の首位として金光明寺を運営していたという論拠になってきた[13]。また、当該条は勝宝三年の少僧都任官以前の、唯一の職位を示す史料でもあり、さらに管見では東大寺三綱を示す史料の初期のもののひとつであり、天平十一年に「上座書分紙可返合一百卌五枚[14]」とあるものに次ぐものである。この次に東大寺三綱がみえるのは、勝宝二年五月にみえる安寛の在位を示す史料である（三ノ三九二[15]）。旧稿において筆者は、「上座大徳」が良弁僧正を指すのかは史料的には明確ではないと述べたが、この史料の解釈の波及するところは大きい。したがって、旧稿と重なる部分もあるが、あらためてこの史料について考えてみたい。

　まず、「上座大徳」と同日の条が、別の櫃記に存在している。「経巻出入検定帳（第十一櫃）」（続々修一五ノ三⑧、二四ノ一九四〜一九六、後掲【表3】櫃記Q）のなかにある記載で、『四分律』五十巻・『五分律』二十巻・『僧祇律』・三十巻・『善見律』十八巻・『十誦律』六十巻が、良弁大徳宣によって平摂のもとに送られている（二四ノ一九四〜一九五）。したがって、「上座大徳」宣と同日に、良弁宣によって同日の場所へと経巻が送られているということになる。同日に同じ場所に送られているのであるから、「上座大徳」と良弁は同一人物であると想定することは不可能ではない。後掲の【表5】を参照すれば、「上座大徳」宣による経典の送り先が平摂師であることも傍証になるかもしれない。また、別の観点から検討してみると、良弁は現存の史料では天平十四年九月の時点では「良弁師」と記されているが（七ノ四九四）、次にみえる天平十五年三月の時点では「良弁大徳」と称され（先述の出納記録）、以降は少僧都の就任まで原則として「大徳」として記載されるようになる。このことから、天平十四年九月と天平十五年三月の間に、寺内で良弁の職位をめぐるなんらかの契機が存在したとみることもでき、それを上座への就任とみなすこともできる。そもそも、前述のように「大徳」と称される僧侶が極めて限定されていたことをふまえれば、「上座大徳」を良弁と想定して大過ないという見方もあるだろう。

以上のように考えれば、「上座大徳」を良弁に比定することも可能である。

しかし、同時に正倉院文書の諸記述より、「上座大徳」を良弁でないと判断することも可能である。まず、良弁は正倉院文書内では、一貫して「師」ないし「大徳」と呼称されており、三綱の呼称を以て称されることは問題の「上座大徳」を除いては一例もない。のみならず、三綱としての活動もほかには確認することができない。良弁自身はその間に史料に多く登場するにも関わらずである。また、「上座大徳」と記された同じ櫃記のなかで翌月四月の記録には「良弁大徳」とあるため、なぜわざわざ書き分けたのかという問題もある。また、良弁に対する「師」から「大徳」の呼称の変化について述べたが、天平十五年六月、十二月にも大徳ではなく「師」と記す史料もあり（八ノ一八六、一一ノ四五〇）、「師」から「大徳」の呼称の差異は史料の記主の意識や、史料の性格によるものであり、厳密にその期間に職位に変化があったとはいえないという反論も成り立つ。さらに、「上座大徳」に比定されうる候補としては、当時良弁と同じく義淵の弟子であったとされる宣教も存命であり、そちらでなかったとも断言することもできない。

以上から、あらためて、「上座大徳」を良弁と断言することはできないと結論づける。また、同様に良弁が三綱として活動していた姿は、現存の史料からは確認できないことも指摘せざるを得ない。このことは旧稿でも言及したが、良弁の三綱就任自体がなかったことを意味していない。「上座大徳」をめぐる問題は、正倉院文書が東大寺に関するどの部分を明らかにしているのかという問題を含めて、未だ検討すべき問題であると考える。

三　良弁僧正をめぐる人々

本節では良弁をめぐる人々について考察することを通じて、良弁の身位について考えてみたい。

㈠　良弁僧正と内裏との関係

まず、良弁をめぐる諸関係について注目できるのは内裏との関係である。現行の続々修十五巻には、櫃記が多く成巻されている。これらは『大日本古文書』では、第十一巻と第二十四巻に収載されている。これらの史料群には経典の奉請を指示した者と、その奉請先、その日時が記録されている。当該史料群については旧稿でも取り上げた。旧稿において、当該史料群が『大日古』の復元のように一連の帳簿であったと断定するには材料が不足しており、現時点では個別に櫃ごとの経典の出納記録として書かれたものであったと考えておくのが妥当であると考えた。その後、二〇二三年刊行の東京大学史料編纂所編『正倉院文書目録』（以下、単に『目録』と称する）により、接続情報が公開された。それらをまとめたものが【表3】である。あらためて一連のものではないと考える。

さて、改めてこれら櫃記の宣者と送り先を整理したものが、【表4・5】である。これによれば、内裏（およびそれに準ずる場所）を送付先とする宣者は限られている。女官と尼を除けば、良弁、佐伯今毛人、茨田少進、川原少属のみである。佐伯今毛人は造東大寺司の次官として著名な人物である。茨田少進は正倉院文書に茨田大夫としてもみえる、茨田枚麻呂のことである。天平十六年に中宮少

年月日	背面	大日古頁	備考
天平感宝元年６月24日～ 天平勝宝２年４月21日	空	—	
天平勝宝元年６月24日～ ８月９日	空	—	
(年月日ナシ)	空	—	「一切経散帳案（天平勝宝２歳？)」(続々2-11②、11/355～359）と関連するか。
(年不明）９月８日	空	—	
(年不明）８月28日～ 天平20年９月22日	空	—	
天平15年５月27日～ 天平勝宝２年５月14日、 ８月30日	新訳華厳経奉請注文	24/184行９～行10	天平14年12月13日、同17年５月21日に検定。背面に天平勝宝２年８月30日の記載が続けられている。
天平20年８月29日～ 10月７日	納櫃一切経巻帙注文	24/201～202、169行３	
(天平20年？)	写経除紙	24/170行５～行６	「納本経第四櫃盛文」(続別46②裏、3/36～38）と関係があるか。
天平15年３月23日～ 天平20年３月24日	空	—	天平14年12月13日、同17年５月21日に検定。
天平18閏４月４日～ 天平感宝元年６月25日	播磨国郡稲帳 空 某経第十四巻書写校生注文 空 志斐万呂定過徴物注文	2/150～151 — 24/176行５ — 3/110	
(天平）15年３月14日～ ９月10日	空	—	
(天平15年）12月13日～ (天平勝宝）２年５月２日	空 経師受紙写上帳 東大寺写経所解（案）	— 24/76 13/60～61	
(ナシ)	空	—	
天平14年10月12日	空	—	巻数のみ記載。
(天平）14年12月13日～ 天平勝宝元年８月４日	経巻出入検定帳（第八櫃）	24/191行７～193	背面に記載が続けられている。
(天平）15年３月23日～ 天平18年４月３日、４月22日	経巻出入検定帳（第十一櫃）	24/196行11～197行２	天平14年12月13日、同17年５月21日に検定。背面に18年４月22日の記載が続けられている。
(天平）18年６月２日	空	—	
天平20年２月５日	空	—	
(天平）17年５月21日～ 天平勝宝２年７月７日	空	—	天平17年５月21日に勅。
(天平）18年12月４日	大乗経律及小乗経見可読巻数注文	12/549	

【表3】続々修15巻の櫃記

	史料名	所属・接続	大日古頁	大日古文書名
A	第一櫃疏本等出納帳	続々15-2①　第1～2紙	11/9～10行6	本経疏奉請帳
B	第二櫃疏本等出納帳	続々15-2②　第3～5紙	11/10行7～12行10	本経疏奉請帳
C	処々奉請経注文	続々15-2③　第6～7紙	11/12行11～16行1	本経疏奉請帳
D	三櫃納巻幷出経注文	続々15-2④　第8紙	11/16行2～行3	本経疏奉請帳
E	納本経櫃盛文	続々15-2⑤　第9紙	24/163～165行2	納櫃本経検定幷出入帳
F	経巻出入検定帳（第四櫃）	続々15-2⑥　第10～12紙	24/165行3～168行6	納櫃本経検定幷出入帳
G	第四櫃奉出経帳	続々15-2⑦　第13紙	24/168行7～169行2	納櫃本経検定幷出入帳
H	納新写第四櫃盛文	続々15-2⑧　第14紙	24/169行4～170行4	納櫃本経検定幷出入帳
I	経巻出入検定帳（第五櫃）	続々15-3①　第1～3紙	24/170～174行6	納櫃本経検定幷出入帳
J	経巻出入検定帳（第五櫃）	正集35①裏　ス 続々15-3②（1）　第4紙　ル 続々15-3②（2）　第5紙　ル 続々15-3②（3）　第6～8紙　ス 続別47⑥裏	24/407～409 24/174行7～175行7 24/175行8～176行4 24/176行6～177行11 3/260～261	一切経散幷奉請帳 納櫃本経検定幷出入帳 納櫃本経検定幷出入帳 納櫃本経検定幷出入帳 経疏出納帳
K	経巻出入検定帳（第六櫃）	続々15-3③　第9紙	24/177行12～179行7	納櫃本経検定幷出入帳
L	経巻出入検定帳（第六櫃）	続々15-3④（1）　第10～11紙　ル 続々15-3④（2）　第12～13紙　ル 続々15-3④（3）　第14紙	24/179行8～182行3 24/182行4～183行2 24/183行3～184行7	納櫃本経検定幷出入帳 納櫃本経検定幷出入帳 納櫃本経検定幷出入帳
M	第六櫃納経目録	続々15-3⑤　第15紙	24/185行1～187行1	納櫃本経検定幷出入帳
O	第八櫃納経検定注文	続々15-3⑥　第16紙	24/187行2～行5	納櫃本経検定幷出入帳
P	経巻出入検定帳（第八櫃）	続々15-3⑦　第17～18紙	24/187行1～191行6	納櫃本経検定幷出入帳
Q	経巻出入検定帳（第十一櫃）	続々15-3⑧　第19紙	24/194～196行10	納櫃本経検定幷出入帳
R	小乗律第十一櫃納巻目録	続々15-3⑨　第20紙	24/197行3～行10	納櫃本経検定幷出入帳
S	第十一櫃納経目録	続々15-3⑩　第21紙	24/197行11～198行11	納櫃本経検定幷出入帳
T	十二櫃納論勘定幷出入注文	続々15-3⑪　第22紙	24/199行1～行7	納櫃本経検定幷出入帳
U	奉請経注文	続々15-3⑫　第23紙	24/200行1～行4	納櫃本経検定幷出入帳

※東京大学史料編纂所編『正倉院文書目録』により作成

【表4】櫃記録の宣者とその奉請先

※表右端のアルファベットは〔表3〕の櫃記と対応している。

	対称経典	奉請の宣	奉請先	使	年 時				
1	入楞伽経疏二部（尚徳撰・菩提達磨撰）	良弁大徳宣	奉請教輪師	即使（本人）	天感元	六	二十四	A	第一櫃
2	摂大乗論疏十一巻（廊法師造）	長官宮宣	奉請慈訓師所	使僧明一	天平二十一	三	十七	A	第一櫃
3	成実論疏十四巻・章二十三巻	大徳宣	奉請憬寵師	（記載なし）	勝宝二	七	十	A	第一櫃
4	唯識論了義燈七巻	大徳宣	奉請明一師	即使（本人）	勝宝二	八	十六	A	第一櫃
5	法花経疏二部（撰者不知・上宮王撰）	（記載なし）	借奉請智憬師所	使沙弥泰敏	勝宝元	十二	二十二	A	第一櫃
6	倶舎論疏十五巻（釈光師撰）	（記載なし）	奉請大納言宅	（記載なし）	勝宝二	四	二十一	A	第一櫃
7	楞伽経科文二巻（菩提達磨撰）・楞伽経抄二巻	良弁大徳宣	奉請教輪師	即使（本人）	勝宝元	六	二十四	B	第二櫃
8	瑜伽抄三十六巻・瑜伽抄記二十五巻	良弁宣	奉請仙寂師	（記載なし）	天感元	六	二十五	B	第二櫃
9	七処八会一巻	（記載なし）	暫間奉請史生阿刀酒主	専受（本人）	勝宝元	七	二十八	B	第二櫃
10	梵網経疏一部二巻	長官王宣	奉請西宮	使調呰万呂	勝宝二	六	二十六	B	第二櫃
11	理趣分術讃三巻	長官王宣	奉請即其御曹司	使大伴養万侶	勝宝二	八	九	B	第二櫃
12	如意輪経	（記載なし）	内進	（記載なし）	？	九	八	D	第三櫃
13	観虚空蔵経1巻	市原宮	（記載なし）	（記載なし）	？	八	二十八	E	三櫃
14	大摩訶般若波羅蜜抄経五巻	（記載なし）	（記載なし）	（記載なし）	天平二十	二	五	E	三櫃
15	大乗大集須弥蔵経2巻（上下）・大集経月蔵分1部10巻	良弁大徳宣	奉請弘明師之所	使僧寂雲	天平二十	正	四	E	三櫃
16	宝星陀羅尼経10巻	長官宮宣	奉請内裏	（記載なし）	天平二十	九	二十二	E	三櫃
17	大般涅恒経六巻	良弁大徳宣	受平摂師	（記載なし）	天平十五	五	二十七	F	四櫃
18	顕無辺仏土功徳経一巻	安定尼公宣	奉請久尓宮	（記載なし）	不明(七月二十三日以降カ)			F	四櫃
19	宝星陀羅尼経一帙（十巻）	（記載なし）	請中納言宅	（記載なし）	天平十五	九	二十三	F	四櫃
20	涅槃経四十一巻	（記載なし）	（写経所カ）為本奉請	国益	天平十五	九	二十七	F	四櫃
21	花厳経八十巻	（記載なし）	借請出家所	竹志豊野	天平十五	十二	？	F	四櫃
22	旧華厳経一部六十巻	少尼公宣	奉請宮中	使秦万呂、玄正師・仙基師	天平十六	十二	四	F	四櫃
23	新華厳経一部八十巻	少尼公宣	奉請宮中	使秦広紀	天平十六	十二	二十五	F	四櫃
24	涅槃経二十巻（第十二帙）	良弁大徳宣	出家人試所令奉請	使教演沙弥	天平十七	七	十八	F	四櫃
25	注法花経七巻	（記載なし）	（写経所？）為用本借請	舎人王国益	天平十七	八	八	F	四櫃
26	八十花厳一部	大倭国少掾佐伯宿祢宣	奉請韓国寺忠教師所	沙弥花訓	天平二十	五	二十五	F	四櫃
27	正法華経一部十巻	良弁大徳宣	奉請為本	（記載なし）	天平二十	七	十一	F	四櫃
28	宝星陀羅尼経一部（十巻）	次官佐伯宿祢宣	奉請内裏	（記載なし）	天平二十	九	二十一	F	四櫃
29	八十花厳一部八十巻（皇后宮之一切経内者）	阿刀史生宣	奉請大徳之所	使(記載なし)	勝宝元	八	二十八	F	四櫃
30	涅槃経二巻十巻	（記載なし）	暫間為本、爪工家万呂奉請	（記載なし）	勝宝元	九	九	F	四櫃
31	華厳脩慈分一巻	安宿宮宣	奉請中山寺	使粟田種万呂	勝宝元	十一	三	F	四櫃
32	普曜経八巻	平摂師牒	奉請即平摂師所	使沙弥璟鈿	勝宝二	二	十四	F	四櫃
33	花厳経一部（新訳者八十巻）	大徳宣	奉請此寺家	使堂童子塞人万呂	勝宝二	八	三十	F	四櫃
34	維摩詰経一部三巻	長官王宣	（市原王）専為披読奉出	呉金万呂	天平二十	八	二十九	G	第四櫃
35	顕無辺仏土功徳経一巻	造寺次官宣	為本経奉請春宮大夫石川朝臣宅	（記載なし）	天平二十	十	七	G	第四櫃
36	无量義経一巻	良弁大徳宣	受光道師	（記載なし）	天平十五	三	二十三	I	五櫃
37	大灌頂経一帙（十二巻）	良弁大徳宣	令請大宅命婦所	金光明寺沙弥玄澄	天平十五	四	二	I	五櫃
38	无量義経一・免腋経一・老母経一・老母六英経一・放鉢経一・文殊師利問提経一・無垢賢女経一・腹中女聴経一・転女身経一	安定尼公宣	奉請久尓宮	（記載なし）	天平十五	七	二十三	I	五櫃
39	未曽有経・甚希有経・謗仏経・大乗百福相経	（記載なし）	（久尓宮？）	（記載なし）	天平十五	？	？	I	五櫃
40	九色鹿経一巻	（記載なし）	請中納言宅	（記載なし）	天平十五	九	二十三	I	五櫃
41	観无量寿経一巻	（記載なし）	（写経所？）為写奉請	辛国人成	天平十五	十一	二十八	I	五櫃
42	法花経八巻・最勝王経十巻	（記載なし）	出家所	豊野	天平十五	十二	？	I	五櫃
43	不必定入定入印経一巻・无量門微密持経一巻	市原宮宣	（記載なし）	（記載なし）	天平十六	二	二	I	五櫃
44	解深蜜経五巻	（記載なし）	請呉原生人	（記載なし）	天平十六	六	二	I	五櫃
45	観无量寿経一巻	（記載なし）	請法花寺	浄珪沙弥	天平十六	六	八	I	五櫃

	対称経典	奉請の宣	奉請先	使	年時				
46	新翻薬師二巻	（記載なし）	奉請甲可宮本経	（記載なし）	天平十六	十	三十	I	五櫃
47	盂蘭盆経一巻	平摂師宣	令奉請（平摂師所）	便使教演沙弥	天平十七	七	十一	I	五櫃
48	【如意輪陀羅尼経１巻】（抹消）	（記載なし）	【玄昉師物検使所】	【右大舎人小野不久乎】	天平十七	十	十	I	五櫃
49	灌頂経第十二巻	田辺史生状	（記載なし）	即付（記載なし・本人か）	天平十七	十	二十七	I	五櫃
50	海龍王経四巻	田辺史生状	（記載なし）	堂童子猪甘人足	天平十七	十一	二十三	I	五櫃
51	陀羅尼集経第二巻	大僧都宣	奉請安寛師	（記載なし）	天平二十	二	十九	I	五櫃
52	大灌頂経一部（十二巻）	慈訓師牒	令請（慈訓師所）	来使沙弥蔵耀	なし			I	五櫃
53	浴像功徳経一巻	良弁大徳宣	（記載なし）	（記載なし）	天平二十	三	二十四	I	五櫃
54	灌仏経一巻	志斐案主状	請爪工家万呂	（記載なし）	天平二十	一	二十五	J	五櫃
55	最勝王経一部（十巻）	川原小属宣	奉請於内裏	付坊舎人笠朝臣大道※	天平十八	閏四	四	J	五櫃
56	注入楞伽経一帙七巻・楞伽阿跋多羅宝経四巻	田辺史生宣	奉請元興寺僧上順師所※	附行軻師	天平十八	閏四	九	J	五櫃
57	陀羅尼集経一部十二巻	大養徳国小掾佐伯若子宣	奉請内裏	（記載なし）	天平十八	一	二十八	J	五櫃
58	説无垢称経一部六巻	良弁大徳宣	奉請（記載なし）	付鴨道長	天平十八	閏九	九	J	五櫃
59	維摩詰経二巻・注維摩詰経六巻	大尼公宣	奉請内裏	舎人犬甘子老	天平十九	四	十一	J	五櫃
60	陀羅尼集経一部十二巻	佐味命婦宣	奉請内裏	錦部諸上	天平二十	三	一	J	五櫃
61	不空羂索神呪心経一巻	良弁大徳宣	奉請於寺	使堂童子呉部浄虫	天平二十	八	四	J	五櫃
62	大仏頂尊勝陀羅尼経（※義浄三蔵訳と仏陀波利訳各二巻ずつ）	次官佐伯宿祢宣	奉請内裏	使主典山口沙弥万呂	天平二十	九	二十二	J	五櫃
63	如来蔵経一巻	良弁大徳宣	奉請（記載なし）	寺使他田水主	天平二十	十	二十一	J	五櫃
64	温室経一巻	良弁大徳宣	奉請（寺家？）	寺使僧教輪	天平二十	十	二十八	J	五櫃
65	千手経一巻	（記載なし）	奉請安宿宮	使宿奈万呂	天平二十	十一	十二	J	五櫃
66	浴像功徳経一巻・灌仏経一巻	良弁大徳宣	奉請（寺家？）	寺使僧泰明	天平二十一	二	九	J	五櫃
67	解深密経五巻	造寺次官佐伯宿祢宣	奉請内裏	使（記載なし）	感宝元	五	二十七	J	五櫃
68	不空羂索神咒心経一部三巻・不空羂索咒心経一巻	良弁大徳宣	奉請智憬師所	使沙弥貞軫	感宝元	閏五	七	J	五櫃
69	如来蔵経一巻	（記載なし）	奉請平摂師	使沙弥薬智	感宝元	閏五	三	J	五櫃
70	深密解脱経五巻・无上依経二巻・大乗同性経二巻	田辺判官宣	奉請平摂師所	（記載なし）	感宝元	六	十五	J	五櫃
71	楞伽経阿跋多羅宝経四巻・入楞伽経十巻・注大乗入楞伽経七巻	良弁大徳宣	奉請教輪師	即使（本人）	感宝元	六	二十四	J	五櫃
72	相続解脱地波羅蜜了義経一巻・解節経一巻	良弁大徳宣	奉請仙寂師	（記載なし）	感宝元	六	二十五	J	五櫃
73	如意輪陀羅尼経一巻	小野朝臣宣	（記載なし）	（記載なし）	天平十五	三	十四	K	六櫃
74	仏蔵経四巻・浴像功徳経一巻・灌仏経一巻	上坐大徳	受平摂師	（記載なし）	天平十五	三	二十三	K	六櫃
75	虚空蔵経一巻	良弁大徳宣	令請大宅命婦所	光明寺沙弥玄澄	天平十五	四	二	K	六櫃
76	了本生死経・報恩奉盆経・一向出生菩薩経・温室経・菩薩行五十縁身経・除恐災患経・施灯功徳経	安定尼公宣	奉請久尓宮	（記載なし）	天平十五	七	二十三	K	六櫃
77	千眼千臂経二巻	市原王宣	（記載なし）	付川原人成	天平十五	九	十	K	六櫃
78	七倶胝仏母心准提陀羅尼一巻・七倶胝仏母准泥大明陀羅一巻	良弁大徳宣	奉請久尓宮少尼所	使鳥取鉾	天平十五	十二	十三	L	六櫃
79	摩訶摩耶経一巻	（記載なし）	為本請辛国所	（記載なし）	天平十六	閏一	二	L	六櫃
80	不思議功徳諸仏諸所護念経二巻	市原宮宣	（記載なし）	（記載なし）	天平十六	二	二	L	六櫃
81	浴像功徳経一巻	（記載なし）	請聖輪師所	（記載なし）	天平十六	三	十八	L	六櫃
82	十一面観世音神呪経一巻	（記載なし）	為本経借出下政所	辛国人成	天平十六	四	九	L	六櫃
83	盂蘭盆経一巻	茨田少進宣	奉請甲可宮	（記載なし）	天平十六	七	十二	L	六櫃
84	金剛三昧経二巻	（記載なし）	借奉請飛鳥部宮	（記載なし）	天平十六	八	二十一	L	六櫃
85	梵網経二巻	（記載なし）	借奉請写経堂	（記載なし）	天平十八	四	十七	L	六櫃
86	随求即徳大自在陀羅尼神呪経一巻	（記載なし）	奉請内裏	舎人若湯坐阿志波世	天平十八	十二	四	L	六櫃
87	摩尼羅亶経一巻	良弁師宣	奉請内裏	沙弥仙隆	天平十九	一	十五	L	六櫃
88	梵網経二巻	（記載なし）	良弁大徳御所	沙弥道鏡	天平十九	六	？	L	六櫃
89	優婆塞五戒威儀経一巻	（記載なし）	奉請善李師所	（記載なし）	天平十九	六	二十三	L	六櫃
90	大方広仏報恩経第七巻	良弁大徳宣	奉請即寺・寺智憬師	使他田水主	天平十九	十	二十一	L	六櫃

	対称経典	奉請の宣	奉請先	使	年	時			
91	六門陀羅尼経一巻	良弁大徳宣	奉請即大徳之所	使(記載なし)	天平十九	十	二十五	L	六櫃
92	六門陀羅尼経一巻	(記載なし)	(記載なし)	使舎人県金万呂	天平十九	十一	三	L	六櫃
93	大乗造像功徳経二巻	良弁大徳宣	奉請元興寺諦集師所	使沙弥仙隆	天平十九	十二	五	L	六櫃
94	優婆塞戒経一部十巻	史生阿刀酒主状	奉請忠基師所	使沙弥賢忠	天平二十一	三	十三	L	六櫃
95	文殊師利問経一部二巻	長官宮宣	奉請於西宅	(記載なし)	感宝元	五	二十一	L	六櫃
96	密厳経三巻	田辺判官宣	奉請平摂師所	(記載なし)	感宝元	六	十五	L	六櫃
97	七仏所説神呪経四巻・受持七仏名号所生功徳経一巻	佐伯次官宣	奉請(記載なし)	舎人丸部年成	勝宝元	七	二十三	L	六櫃
98	不増不減経一巻	安宿王宣	奉請中山寺	使粟田種万呂	勝宝元	十一	三	L	六櫃
99	右遶仏塔功徳経一巻	此寺三綱牒	奉請羂索堂	使忍坂友依	勝宝二	二	二十一	L	六櫃
100	観仏三昧経一部（十巻）	教輪師宣	奉請上寺	使沙弥善訓	勝宝二	三	二十九	L	六櫃
101	菩薩瓔珞本業経二巻（上下）	(記載なし)	奉請教輪師室	(記載なし)	勝宝二	五	二	L	六櫃
102	智度論一〇〇巻・瑜伽論二十巻	(記載なし)	擬僧試所	(記載なし)	?	?	?	P	八櫃
103	論二十五巻	久尓宮宣	奉請（久尓宮）	(記載なし)	(天平十五)	七	二十三	P	
104	法花論二巻・宝髻経論一巻	(記載なし)	請中納言宅	(記載なし)	(天平十五)	九	二十三	P	八櫃
105	瑜伽論菩薩地二帙	(記載なし)	奉請甲可宮	(記載なし)	(天平十五)	九	二十七	P	八櫃
106	論二十巻	(記載なし)	請中納言宅	(記載なし)	(天平十五)	十	五	P	八櫃
107	智度論一〇〇巻・瑜伽論八十巻	(記載なし)	(擬僧試所？)	竹志豊野	(天平十五)	十二	二十一	P	八櫃
108	廻浄論一巻・縁生論一巻・十二因縁論一巻・台輪盧迦論一巻・大乗百法明門論一巻・百字論一巻・解捲論一巻・掌中論一巻・取因仮設論一巻・観惣相論頌一巻・止観門論頌一巻・手杖論一巻・六門教受習定論一巻・大乗法界无差別論一巻・破外道小乗四宗論一巻・破外道小乗涅槃論一巻	良弁大徳宣	奉請弘明師所	使沙弥道鏡	天平十九	六	八	P	八櫃
109	仏名経一帙（十六巻）	阿刀酒主宣	令奉請、為先一切経本経者	使荒田井鳥甘	天平十九	六	二十	P	八櫃
110	(別生経の目録)	(記載なし)	為先一切経之本、奉請	専受使丸部嶋守	天平十九	七	五	P	第八櫃
111	大菩薩蔵経二十巻・菩薩見実三昧経十四巻	(記載なし)	為一切経之本奉請	使荒田井鳥甘	天平十九	八	十八	P	第八櫃
112	三无性論二巻	慈訓師状	奉請(慈訓師所)	使僧明一	天平二十	二	三十	P	第八櫃
113	仏性論一部三巻（法宝師造）	宮宣	奉請平摂師所	使僧戒耀・沙弥徳基	天平二十	五	四	P	第八櫃
114	因明正理門論一巻	日置直伊奈波宣	奉請僧都所	(記載なし)	天平二十	五	二十五	P	第八櫃
115	摂大乗論二部（皇后宮一切経内者）	(記載なし)	(記載なし)	(記載なし)	天平二十	七	二	P	第八櫃
116	因明正理門論一巻・因明入正理論一巻	長官宮宣	奉請即其宮	(記載なし・本人か)	天平二十	十一	三	P	第八櫃
117	雑集論一部十六巻	良弁大徳宣	奉請教輪師	即使（記載なし・本人か）	感宝元	四	十九	P	第八櫃
118	唯識論一巻（菩提流支訳）・成唯識宝生論五巻・三无性論二巻・観所縁々論一巻	田辺判官宣	奉請平摂師所	(記載なし)	感宝元	六	十五	P	第八櫃
119	中辺分別論二巻	良弁大徳宣	奉請教輪師	使沙弥泰敏	感宝元	六	二十四	P	第八櫃
120	起信論一部（一部二巻・実叉難陀）	(記載なし)	奉請史生阿刀酒主所	専受（本人）	勝宝元	七	二十八	P	第八櫃
121	般若灯論一部十五巻・摂大乗論釈論九巻・十住毘婆婆論十四巻	阿倍判官宣	奉請式部卿殿	使猪名部常人	勝宝元	八	四	P	第八櫃
122	四分律五十巻・五分律二十巻・僧祇律三十巻・善見律十八巻・十誦律六十巻	良弁大徳宣	受平摂師	(記載なし)	天平十五	三	二十三	Q	一一櫃
123	根本雑事四十巻	良弁大徳宣	受平摂師	(記載なし)	天平十五	五	二十七	Q	一一櫃
124	経律・毘母経八巻・薩婆多毘尼毘婆沙八巻・舎利弗問経一巻・五分律一部（三十巻）	(記載なし)	受安寛師	(記載なし)	天平十六	一	十九	Q	一一櫃
125	四分律五十巻	(記載なし)	受安寛師	(記載なし)	天平十六	閏一	八	Q	一一櫃
126	僧祇律第一帙第一巻	(記載なし)	受安寛師	難波万呂	天平十六	二	二	Q	一一櫃
127	四分律五十巻	良弁大徳宣	奉請小尼公御所	辛国人成	天平十七	六	二十六	Q	一一櫃
128	摩訶僧祇律三帙（三十巻）	安寛師宣	借奉請興福寺僧隆尊師所	(記載なし)	天平十八	四	三	Q	一一櫃
129	五分律二十巻	安寛師宣	借奉請（安寛師所）	志斐万呂	天平十八	四	二十二	Q	一一櫃
130	阿毘達磨論２巻・四諦論４巻・鞞婆沙論14巻	(記載なし)	(記載なし)	(記載なし)	(記載なし)			T	一二櫃
131	成実論十六巻	大徳宣	奉請憬寵師	(記載なし)	勝宝二	七	七	T	一二櫃
132	説無垢称経１部６巻	(記載なし)	(記載なし)	(記載なし)	天平十八	12	4	U	—

【表5】櫃記録の宣者と奉請先（宣者ごとのまとめ）

〔僧尼〕

宣者	奉請先	
良弁	教輪	4
	平摂	2
	智憬	2
	仙寂	2
	弘明	2
	小尼公	2
	寺家？	2
	内裏	1
	大宅命婦	1
	光道	1
	大徳	1
	寺	1
	出家人試所	1
	元興寺諦集	1
	（記載なし）	4
上坐大徳	平摂	1
大徳	憬寵	2
	明一	1
	寺家	1
安寛	安寛本人	1
	興福寺僧隆尊	1
慈訓	慈訓本人	2
平摂	平摂本人	2
安定尼公	久尓宮	2
少尼公	宮中	2
東大寺三綱	羂索堂	1
大僧都行達	安寛	1
教輪	上寺	1
大尼公	内裏	1

〔俗人〕

宣者	奉請先	
市原王	市原王本人	3
	西宮	2
	慈訓	1
	内裏	1
	（記載なし）	1
佐伯今毛人	内裏	4
	韓国寺忠教	1
	春宮大夫石川朝臣宅	1
	（記載なし）	1
阿刀酒主	写経所？	1
	大徳	1

宣者	奉請先	
阿刀酒主	忠基	1
田辺史生	元興寺僧上順	1
	（記載なし）	2
宮	平摂	1
久尓宮	久尓宮	1
安宿王	中山寺	1
佐味命婦	内裏	1
茨田少進	甲可宮	1
田辺判官	平摂	1
川原小属	内裏	1
阿倍判官	式部卿	1
日置直伊奈波	僧都所	1
志斐案主	（記載なし）	1
小野朝臣	（記載なし）	1

〔記載なし〕

宣者	奉請先	
（記載なし）	（写経所？）	5
	安寛	3
	中納言宅	3
	安宿王	3
	甲可宮	2
	請出家所	2
	阿刀酒主	2
	内裏	1
	内	1
	大納言宅	1
	（久尓宮？）	1
	良弁	1
	平摂	1
	教輪	1
	智憬	1
	聖輪	1
	善季	1
	玄昉師物検使所	1
	法花寺	1
	擬僧試所	1
	写経堂	1
	政所	1
	辛国所	1
	呉原生人	1
	爪工家万呂	1
	（擬僧試所？）	1
	（記載なし）	5

進とみえる人物であり（二ノ三九九）、令旨を受けて間写の『法華玄賛』を書写させている（八ノ三六九）。中宮少進が出仕する中宮職は藤原宮子の家政機関であるので、茨田少進は光明皇后に近い人物であった。また栄原氏によれば正倉院文書みえる佐保宅・佐保殿は茨田大夫宅であり、沙弥が常侍しており、写経を行っていた場所であることが明らかにされている。また、いくつかの私願経をしたことも知られる[16]。また川原少属は川原蔵人成のことで、同じく中宮職・皇后宮職少属であった（二ノ三九九）。したがって、内裏を対象とする宣を出すにはふさわしい人物であったといえる。

なお、【表4】において注目すべきは安寛で、興福寺僧隆尊師（【表4】128）との関係など、早い段階で外部との独自の経路を有していたことが分かる。隆尊は勝宝三年四月に道璿とともに律師に補任され[17]、戒師招請にも関わった高僧であり、東大寺と明確な関係を有さないにも関わらず、『東大寺要録』「原本願章」でもその存在が重視されている[18]。安寛は律に長じた僧であったため、安寛と隆尊の関係は戒律の振興を通じて関わりがあったものと考えられる。

とにかく、内裏とのコネクションを持つ者は限られており、後に看病禅師であったと正史に記される良弁の内裏との密接な関係は、このような点からも早くから認められる。

(二) 良弁僧正と岡寺との関係

もうひとつ注目されるのは、岡寺（龍蓋寺）との関係である。岡寺は大和国高市郡（現奈良県高市郡明日香村岡）所在の寺院で、義淵師の創建と伝える寺院である。天武天皇の皇子である草壁皇子の死後、持統三年（六八九）から神亀五年（七二八）の間に、嶋宮の宮域内に建立された。平安期には別当が代々興福寺から撰出された（醍醐寺本『諸寺縁起集』十五、竜門寺条所引天禄元年八月二十九日太政官牒[19]）。聖武天皇や孝謙・称徳天皇の帰属する草壁系皇統にとって、重要な位置づけの寺院であった。良弁の関わった写経事業で、岡寺に関係するものは、天平十六年の『理趣経』の書写で、岡寺での転読のために書写された（八ノ三六五〜三六六）。同じく、良弁の関わる『理趣経』の写経事業には天平十九年に行われた事業があり（薗田No.92[20]）、「依二良弁大徳宣一、為三奉　天皇一奉レ写理趣経」（九ノ六八）と聖武天皇のためのものであったことが明記されている。

ふたつの良弁宣による理趣経の書写は、良弁と王権中枢との密接な関わりを示すものである。このような関わりが生じた背景には、良弁個人の内裏との関係のみならず、義淵を師としたことも背景としてあるかもしれない。

岡寺と良弁との関係は次の史料からもうかがえる。

【史料六】（「一切経散帳」、続修後集二五、一一ノ二二三〜二二七）

（前後略）

妙法花経八巻〈右依二良弁大徳天平廿年十二月十九日宣一奉二請岡寺一／使童子人長〉

当該条は写経所に保管されていた五月一日経を様々なところに送った際の記録のなかにみえる。これよれば良弁宣により『法華経』八巻が岡寺に奉請されている。『法華経』のような著名な大乗経典が岡寺に所蔵されていなかったはずはなく、このような経典の貸与の背景には該当の『法華経』が光明発願による五月一日経の一部であったことに意味があったと考えられる。おそらく、なんらかの法会で用いられたのであろう。

良弁本人ではないが、良弁と同じく羂索堂のツカサであった智憬にも岡寺との関係をうかがわせる史料がある。

【史料七】「僧智憬経巻返送状」（宮内庁書陵部蔵、『正倉院文書拾遺』四八[21]）

奉請

法花経一部〈請二岡寺一者〉　報恩経一部〈請二／大徳二〉

六巻鈔一部〈請二大徳一者〉

摂論二部〈一部无性菩薩造　一部大業訳者〉

右、付二沙弥泰敏一、返送如レ前

天平勝宝二年廿六日

僧智憬

この史料は智憬が借りていた『法華経』以下の経論を泰敏に付して写経所に返却した際の送り状である。そのなかに、【史料六】とは逆に岡寺から借り出された『法華経』が含まれている。どのような事情によって岡寺所蔵の『法華経』が智憬のもとに送られたのかは不明であるが、【史料六】と同様になんらかの仏事に関わるものであったと推測したい。なお、黒田氏によれば本状にみえる『報恩経』は、天平二十年十月に大徳によって奉請された一切経の一部と同じであるという（註(21)掲出報告書）。この大徳は良弁であった可能性が高い。

智憬と岡寺の関係に注目すれば、次のような史料もある。

【史料八】「僧宣教疏本等所在注文」（続々修一二ノ九①（2）、一二ノ八）

无量義経疏一部〈測師撰／右在二岡寺一、伝聞智憬師受了〉
法花論子注一部三巻〈右在二慈訓師所一〉
唯識論疏一部十巻〈道証撰／右在飛鳥寺真福師所〉
瑜伽論抄十六巻〈基師撰／右在観音寺〉
正理門論一部二巻〈備師撰／右在二飛鳥寺神泰師所一即豊浦寺華厳複師者〉

天平勝宝三年六月十五日僧宣教

本状は造東大寺司が宣教のもとに本経のための論疏の借り出しを依頼した【史料四】に対する、宣教からの返答であり、照会された経疏論についてその所在を回答している。傍線部では『无量義経疏』一部について、「岡寺所蔵のものであり、智憬師が受領している状況であると伝え聞いている」との旨を回答している。このような経典の貸与の状況も、岡寺との良弁・智憬ないし羂索堂との密接な関係を想起させる。

三　良弁を通じてみた東大寺僧

最後に、良弁との関係に着目することによって、そのほかの東大寺僧についても別の角度から考察することができないだろうか。いくつかの具体例を通じて考察してみたい。

まず良弁の弟子であったと考えられる仙隆について述べる。仙隆は良弁による経典の奉請の際の使としてみるほか（九ノ三二七、二四ノ一八一、一八二）、かなり時代が下るが、天平宝字六年三月には寺内の装束などを管理する部署（堂装束所と呼称されていたか）の担当者となったことが分かる（「僧隆俊仙隆連署浄衣等注文」、続々修四四ノ一〇③、一五ノ四三九～四四〇）。

次に、良弁の弟子であり、羂索堂の構成員であったと考えられる教輪と智憬の例を取り上げたい。

まずは教輪である。教輪は楞伽経関係の借り出しが多く、講説などを行う僧であったことがすでに山下氏によって指摘されている。[22]教輪には次のような史料がみえる。

【史料九】「経疏櫃帙等借用帳」（続々修四二ノ四⑤（2）裏、一一ノ二五五）[23]

〈以二七月廿日一反上已訖使宝進沙弥〉
教輪師借二帙一枚一〈雲間緋裏／鉄縁拾組緒〉右為レ様差二宝進沙弥一令レ請如レ件　七月十三日

装飾の施された帙を、様とするために借り出している。これがどういった写経事業のためのものであったか不詳であるが、教輪が写経後の経巻の装丁に関わり、監修する立場にあったことが想定される。本条で使にみえる沙弥宝進はここにしかみえないが、羂索堂で働いていたのであろう。

次に、智憬に関する史料を確認したい。智憬は『大乗起信論同異略集』の著者に比されている人物であり学僧としても知られる。山下氏によれば、天平十三年に沙弥智憬としてみえ、天平十九年までに受戒したという。『大乗起信論同異略集』の冒頭には、「余幸生東隅、僅遇遺法。本命十一、投於鐘山僧統、年十七、纔預出塵之真」とみえ、[24]「鐘山僧統」を金鐘寺の良弁とする指摘に従えば、[25]安寛や平栄らと比べて世代の若い僧であったのではないかと推測する。智憬が写経所に充てた経典の借り出し状の文言には、しばしば丁寧な表現がみえ（たとえば、後述の【史料一〇】にみえる「悚息々々、謹啓」など）、そのような点もそのような推測を補強するものかと思う。

智憬には写経事業に関わる興味深い史料が多くある。勝宝三年の「智憬師所梵網経疏」・「上寺梵網経疏」とみえるものはそのひとつである。当該写経事業は勝宝三年の五月・六月の告朔案に経師と装潢の活動が報告されており、その時期に書写されたことは確実である（一一ノ五一四、五一八、五二〇）。同年の五月二十五日に「遺六巻」の支給のこともみえ、すでに一定程度写経が進んでいたこともうかがえる（一〇ノ五五七）。

教輪の動向を併せて考えれば、勝宝三年前半期から羂索堂では『梵網経』関係の疏をしきりに請求していたようで、先述の告朔案に先立つ時期、石上宅や内裏から智憬のもとへと『梵網経』が奉請されている（九ノ六〇四～六〇五）。『梵網経疏』・『梵網経私記』も借り出されており、単なる写経ではなく、経典の研究に資するものであったものと推測される。告朔案にみえる「智憬師梵網経疏」の写経は、そういった智憬の動向の一環であったと考える。『梵網経』と智憬の関係はその後も史料にみえ、勝宝三年八月十一日は、『梵網経疏』二巻・『梵網経記』二巻・『梵網経古迹記』一巻が奉請されている（二四ノ五一六）。これらの『梵網経』関係の経疏の借り出しの背景として、翌勝宝四年の大仏開眼会との関係も想定される。なお、『勝曼経』を本経のために、内裏に請求することなどもあり（一二ノ四一五）、良弁と同様に智憬と内裏との関わりも認められる。

また、勝宝三年の「智憬師梵網経疏」の写経そのものも、内裏と関わるなんらかの背景が存した可能性がある。「智憬師梵網経疏」の書写とほぼ同時期の勝宝三年五月九日、善光尼宣によって開始された『法華玄賛』一部二十巻・『梵網経疏』一部四巻の写経事業があったことが分かる（薗田No.142、一二ノ三七～三八）。これらの写経事業のうち『梵網経疏』に相当する疏の書写状況は史料的にはっきりせず、薗田No.142の写経事業と「智憬師梵網経疏」の書写とが一致するかどうかを含め、両者の関係には曖昧な部分が多いが、おそらく関係があったと考えられる。その根拠は時期的な一致だけでなく、この『法華玄賛』の書写は智憬と関わりがあるからである（三ノ五四九）。

さらに智憬については、次のような注目すべき史料が存在する。

【史料一〇】「僧智憬啓」（続々修一六ノ七⑪、一三ノ二一一～二一二）

奉レ送
　十一面経疏一巻　馬鳴論疏一巻
右、馬鳴論疏、令[26]二是外書
耳一、乞照二此状一、勿レ摂二内書一、恐二
後代濫一哉、謹啓、

更請
　梁摂論抄四巻〈元暁師述〉
　槃舟三昧経略疏一巻〈元暁師述〉
　右疏、審詳師書類者、今
　為二本写一、所レ請如レ前、伏乞、蓋
　不下請二他処一之例上、暫加二処
　分一、悚息々々、謹啓、
　　八月十二日智憬謹状

　状の前半に疏を写経所に返却すること、後半に写経のために審詳経の一部を請求することが記された智憬状である。注目すべきは『馬鳴論疏』についての記述である。すなわち、「外書であるので、内書（一切経）に加えるべきでない」と注進されている。『馬鳴論疏』は正倉院文書では、勝宝五年に大納言藤原家（仲麻呂）の一切経書写のために送られた経典のうち、『五門実相論』とともに審詳経の一部としてみえている（三ノ六五一）。審詳経の目録には『馬鳴論疏』の経典名はみえず、代わりに『馬鳴生論疏』一巻がみえ（三ノ八六）、また天平神護元年に大納言家から返却されないままになっていた論疏のなかに『馬鳴生論疏』一巻がみえることから（一七ノ一一）、この書状で智憬が問題としている『馬鳴論疏』は、義寂述『馬鳴生論疏』であったことが分かる。なぜ智憬が義寂述『馬鳴生論疏』を「外書」と判断したか不明である。勝宝四年八月三日、装潢春日虫万呂に充てられた経論疏のなかに『馬鳴論疏』がみえる（一二ノ三六二）。【史料一〇】の年は不明であるが、その直後のもの、すなわち本状は勝宝四年のものなのではないだろうか。その後、『馬鳴論疏』は同四年十月に本経として仲麻呂家に送られ（一二ノ三八一）、その後景雲一切経の一部としてみえるまで（一七ノ八五）、写経所で書写されたことが確認できない。以上の状況から判断するに、智憬の進言は容れられたものと考えられる。このように智憬は一切経の編成に対して決定権を有していたことが分かる。

　以上のように、智憬は内裏との深い関係、また教学に対する深い知識と、さらには一切経の書写事業をコーディネートするような側面が見受けられる。これはおそらく東大寺のなかで良弁が果たしていた役割であり、それは羂索堂の構成員であった弟子の智憬に受け継がれたと評価できるだろう。勝宝末年から経典に関わる良弁の活動が激減する背景には、良弁のそういった役割が智憬や六宗の活動に継承・吸収された結果であるかもしれない。

㈣　良弁と接点のない東大寺僧について

　次に、良弁と接点のみえない東大寺僧について取り上げてみたいと思う。そうすることにより、良弁の諸活動を伝える正倉院文書の記述が、さらに敷衍すれば正倉院文書にみえる東大寺僧たちの諸活動が、当該時期の東大寺の総体のなかでどのような位置を占めてい

たかを検討する一助になると考えるからである。

山下有美氏は良弁は六宗とは別の立場で統括していたとするが、本稿ではその指摘について別の角度から考えてみたい。旧稿において正倉院文書のなかで、良弁と安寛や平栄、あるいは法相宗学頭となった玄愷らとの接点の薄いことについて言及した。同様に同時代において東大寺の寺務に尽力したり、高い学識を以て知られていたと考えられる東大寺僧たちとの史料的接点が確認されない例は、他にも確認できる。たとえば、華厳講師を務め、のちに三綱に名を連ねる性泰などはその一例である。山下氏は東大寺の花厳宗について、平摂・標瓊・性泰らのグループと、智憬・教輪らのグループの二つがあったとするが、そのようなことも関係している可能性がある。

本稿では僧承教について注目してみたい。承教もまた、学識深く東大寺の運営に関わった僧でありながら、そのような良弁との史料的な接点の確認されない僧の一人である。承教はのちに法相宗に属することになる僧で（三ノ五五三）、さらには三綱に昇り、宝字三年の桂心の出納に際しては、東大寺三綱知事僧として連署を加え（四ノ一八九）、宝亀二年四月には、澄叡が講義のために経論疏を請うた際、上座として自署をして許可を与えている（一八ノ四六〇）。

そのような承教であるが、彼の学問的資質はもっと以前から認められたものであったようである。「納本経第六櫃盛文」（続別四六①裏、三ノ三八～四〇）という経典の出納記録によれば、天平二十年二六日に、市原王宣により大量の経典が送られ、九月に返却されている。現状の、「納本経第六櫃盛文」の前には「納本経第四櫃盛文」（続別四六②裏、三ノ三六～三八）が継がれており、断簡は異なるが記載からみて一続きのものであり、同一の帳簿と考えられる。『目録』によれば、「納本経第四櫃盛文」は【表3】の櫃記録Hと関係があるという。「納本経第四櫃盛文」と「納本経第六櫃盛文」とを一体の帳簿とみなせば、「納本経第六櫃盛文」もまた櫃記録Hと関連することになる。櫃記録Hは新写の経典（五月一日経か）を管理するための台帳であり、両史料が関連するという『目録』の指摘に従えば、承教は天平二十年の段階ですでに新写の経典の管理に深く関わる僧侶であったことが分かる。さらに、勝宝四年正月「経疏本出入帳案」によれば、霊耀師の某疏が承教のもとに送られている（一二ノ五一六）。

また、あまり注目を集めることがないが、平備も同様の僧侶の一人に数えることができる。正倉院文書にはわずか一文書にしか登場しないが、『東域伝燈目録』によれば多くの著作があったことが知られ、また図書寮本『類聚名義抄』には、平備による釈が四条引用されているという。したがって、彼もまた当代における傑出した僧の一人であったと考えられる。正倉院文書では、平備は「充仁王経疏本帳」（続々修九ノ八、一六ノ三一九～三二二）にみえる。同文書には、天平宝字六年閏十二月七日の弓削禅師宣による『仁王経疏』の写経事業（ShaDa No.1146）の充本と布施支給についての記述に続いて、円測師『仁王経疏』1部5巻（薗田№207）の書写についても記されている。ShaDa No.1146と薗田№207の写経事業とは、本経が異なるものである。史料には法順尼公宣によって始まった、薗田№207の写経について「為レ施二平備師一奉レ写如レ件」と記されている。法順尼公は本史料にしかみえない人物であるが、この写経事業が内裏と関わりの深いものであり、平備もまた内裏と関わりの深い僧侶であったと推定される。おそらく、同写経事業は宮中での

『仁王経』の講説のためのものであったのではないだろうか。

先述の通り、平備は正倉院文書ではここにしかみえない。『東域伝燈目録』は平備について東大寺・元興寺僧と両説を載せており、史料に現れないのは元興寺僧であったからという可能性もある。しかし、仮に東大寺僧であるとすれば、平備もまた安寛らと同様に、良弁との接点の確認されない、また独自に内裏との関係を有していた僧侶と評価することができるだろう。

以上のような僧侶たちの事例をどのように考えたらよいのであろうか。このような僧たちの存在を踏まえれば、正倉院文書に現れる歴史的事象は、同時代におけるどの部分に焦点が当てられているのかという、正倉院文書を相対化する視点を以て当該時期の僧侶の学問的環境を考えることも課題になってくるのではないか。以上を正倉院文書の外に広がる東大寺僧や教学の世界をうかがうものとして指摘しておきたい。

おわりに

以上、推測を重ねた部分も多かったが、本稿で述べたことをまとめる。

・あらためて、史料を検討した結果、正倉院文書からみた良弁僧正の活動の事例は、経典に関わるもの、すなわち経巻の管理や写経事業、教学の振興に関係する活動に大きく傾いている。史料的な性格を考慮しても、大きく偏っている印象がある。
・「上座大徳」については、やはり良弁僧正であると確定することはできない。良弁僧正の三綱への就任時期についても不明である。
・良弁僧正の公的な地位は正倉院文書からは明らかではないが、内裏との関係は早くから認められる。また、そのような役割は弟子である智憬へと継承された。
・同時代の学僧の承教・平備や、律に造詣が深かったと考えられる安寛などとの接点は、現存の史料上では確認することができない。

以上から、正倉院文書からみた良弁僧正は、深い学識を有し、内裏との関係を築きながら、教学振興に尽力した僧侶であったと言うことができる。これは山下氏が論じたように、羂索堂のツカサであったことが大きい。そして、そのような良弁の活動は、東大寺の発展に大いに寄与したであろう。また、良弁と史料上接点のみられない重要な東大寺僧たちの存在は、正倉院文書の外に広がる東大寺僧や教学の世界をうかがうものとして指摘しておきたい。

残された課題は多い。良弁以前に内裏と密接な関係を有し、仏教政策にも影響を与えていたと考えられる玄昉との関係などはそのひとつである。さらに根本的な問題として、良弁僧正に注目するということ、ひいては正倉院文書を史料として用いるということは、当該時期の東大寺内の諸動向の、どこに焦点を当てていることになるのだろうか。史料上で「確認できない」という点をどのようにとらえたらよいかということを含め、今後の課題として擱筆する。


（はまみち　たかひさ・大阪公立大学都市文化研究センター）

註

（1）筒井英俊「良弁僧正と漆部氏」（『南都仏教』一、一九五四年十一月）、

森田悌「紫香楽と良弁」（『続日本紀研究』二八〇、二〇〇六年四月）

（2）「乙櫃納一切経勘定幷出納注文」（続々修一五ノ一⑩、七ノ四九三〜四九四）

（3）『続日本紀』勝宝三年四月甲戌条、天平勝宝八歳五月丁丑条

（4）岸俊男「良弁伝の一齣」（『南都仏教』四三・四四合併号、一九八〇年九月）

（5）主要な研究を挙げれば以下の通りである。加藤優「良弁と東大寺別当制」（奈良国立文化財研究所創立三十周年記念論集『文化財論叢』同朋舎、一九八二年）、堀池春峰「華厳経講説より見た良弁と審詳」（『南都仏教史の研究』上〈東大寺篇〉法藏館、一九八〇年）、同「金鐘寺私考」（同著）・福山敏男「石山寺・保良宮と良弁」（『南都仏教』三一、一九七三年一二月、鷺森浩幸「奈良時代の僧綱の展開—官司機構との関係における」（『日本史研究』二九四号、一九八七年二月）、橋本政良「古代寺院運営における三綱の役割とその選任について」（『ヒストリア』九五号、一九八二年七月）、本郷真紹「宝亀年間に於ける僧綱の変容」（『律令国家仏教の研究』、法藏館、二〇〇五、初出『南都仏教』八七号）、永村眞「東大寺別当・政所の成立」（『中世東大寺の組織と経営』塙書房、一九八九年）。佐久間竜『日本古代僧伝の研究』（吉川弘文館、一九八三年）

（6）濱道孝尚「正倉院文書からみた僧良弁の実像」（栄原永遠男・佐藤信・吉川真司編『東大寺の新研究2　歴史のなかの東大寺』、法藏館、二〇一七年）

（7）岸前掲註（4）論文

（8）山下有美「東大寺の花厳衆と六宗」（『正倉院文書研究』八、二〇〇二年十一月）

（9）山下有美「石山寺造営機構の性格と展開」（『正倉院文書研究』一六、二〇一九年十一月）

（10）『詩経』小雅・谷風

（11）『岩波仏教辞典第二版』「大徳」の項

（12）「経巻出入検定帳（第六櫃）」（続々一五ノ三③、二四ノ　七七〜一七九）、【表3】K櫃記。

（13）堀池春峰「金鐘寺私考」（前掲註（5）論文）

（14）「日代国造豊足解」（続々修四六ノ九⑫、七ノ二二三）

（15）「奴婢買進印書送文」（東南院文書四櫃附録九）

（16）栄原永遠男「佐保宅の性格とその写経事業」（『西洋子・石上英一編『正倉院文書論集』青史出版、二〇〇五年、原論文『洋洋福壽』、二〇〇四年）

（17）『続日本紀』勝宝三年四月甲戌条

（18）栄原永遠男「『東大寺要録』の原構造」（『ザ・グレイトブッダ・シンポジウム論集　第十四号　古代東大寺の世界—『東大寺要録』を読み直す—』、二〇一七年十一月）

（19）仁藤敦史「嶋宮の伝領過程」（『古代王権と都城』、吉川弘文館、一九九八年、初出一九八六年七月）

（20）薗田香融氏による間写経事業一覧表に対応する。薗田氏の先駆的な間写経研究に敬意を表し、正倉院文書にみられる間写経事業についてこのように呼称している。薗田香融「南都仏教における救済の論理」（日本宗教史研究会編『日本宗教史研究』四、法藏館、一九七四年）に収載。のち『日本古代仏教の伝来と受容』（塙書房、二〇一六年）に再録。

（21）なお、黒田洋子氏が釈文を載せる（正倉院文書訓読による古代言語生活の解明、平成一九年度〜二一年度科学研究費補助金、研究成果報告書Ⅱ『正倉院文書の訓読と注釈—啓・書状—』）。

（22）山下前掲註（8）論文

（23）一次面は勝宝二年六月二十六日付「写書所解」（一一ノ二五三〜二五四）。心経幷薬師経（薗田№131）の軸を請求する史料である。

（24）中西俊英「奈良時代における華厳教学の展開と『大乗起信論同異略集』」（『東大寺の思想と文化』古代史論集 上、法藏館、二〇一八年）、崔鈆植「『大乗起信論同異略集』の著者について」（『駒澤短期大學仏教論集』七、二〇〇一年十月）

（25）前掲註（24）崔論文

（26）黒田洋子氏は「今」を「令」とし、「右、馬鳴論疏は、是れ外書なら令む耳」と訓読している（文書番号三〇八）。これに従う。

良弁忌における『顕無辺仏土功徳経』経釈・論義について

野呂　靖

はじめに

良弁忌は良弁僧正（六八九〜七七三）の忌日にあわせて毎月十六日に行われる法要であり、東大寺開山堂の良弁僧正坐像の前にて『顕無辺仏土功徳経』（以下、『功徳経』と略記）の読誦、ならびに華厳教理に関する講問論義が勤修されるなど、東大寺の創建にちなんだ重要な祖師儀礼の一つである。なかでも祥月命日に当たる新暦十二月十六日には開山堂の厨子が開扉され、多くの参拝者が拝観に訪れるなど師走の奈良を象徴する行事ともなっている(1)。

一方、良弁忌の儀礼内容そのものについては、その形成時期や教理的特徴などの基本的な検討を含め、従来まとまった報告はなされてこなかったように思われる(2)。良弁はいうまでもなく東大寺初代別当として創建期の東大寺をみるうえで重要な人物だが、中世には東大寺の「四聖」の一人として弥勒菩薩の応現とされるなど聖者化が進められていく。東大寺の思想と文化の展開のなかで良弁がいかに語られ、位置づけられていったかという視点に立つ時、その良弁を追慕・顕彰する儀礼内容の分析は無視できないだろう。

そこで本稿では、良弁忌の儀礼の中心的内容である『顕無辺仏土功徳経』の経釈と論義「無辺仏土」の内容を紹介し、その形成時期と教理内容について若干の検討を行うこととしたい。

一　良弁忌の形成とその周辺

(一)　良弁忌の創始

現在、東大寺では寺役と呼ばれる毎月十六日の月次の法要、および十二月十六日の良弁忌において良弁を追慕・顕彰する儀礼が行われている(3)。内容は両者とも基本的に同一であり、①表白・神分、②勧請、③経釈、④講問論義の四点が儀礼を構成する主要な要素である。注目されるのは、③経釈、④講問論義において、玄奘訳『顕無辺仏土功徳経』が読誦され、その経典解釈（経釈）に続いて論義

「無辺仏土」が勤められる点である。つまり現行の良弁忌では『功徳経』が重要な要素をしめているのである。

本経は仏陀跋陀羅訳『華厳経』内の一品である「寿命品」（実叉難陀訳『華厳経』では「寿量品」）の別訳であり、後述のように良弁とも一定の関連性を有する経典である。しかし、良弁の忌日儀礼が始まった当初から本経を中心とした儀礼が整備されていたわけではない。そこで、まずは良弁忌の創始とその儀礼の形成過程について概観しておこう。

良弁忌の創始については、従来指摘されてきたように寛仁三年（一〇一九）に「根本僧正御影堂」、すなわち開山堂にて良弁の影像を前に実施されたことが『東大寺要録』に記載されており(4)、平安中期に創始されたことが知られる。

そもそも忌日儀礼は儒教に基づく儀礼であったが、中国では高僧の没後に供養・顕彰を行う儀礼として隋代頃より盛んに行われ、仏教儀礼として整備されていった(5)。日本においても祖師の忌日にその影像を本尊として儀礼を行うことは九世紀頃より比叡山・南都にて浸透していった。唐招提寺における鑑真忌や、延暦寺における六月会、霜月会などがその代表的な例である。例えば延暦寺の霜月会は天台大師智顗（五三八～五九七）を追慕する講会であるが、『三宝絵詞』によれば十座にわたる『法華経』の講説（法華十講）に続き、忌日にあたる十一月二十四日には「大師供」が厳修され、智顗の影像の前にて献茶・供華を行い、師徳を顕彰したという(6)。経典の講説と論義という、後の東大寺における祖師儀礼とも共通する基本的な要素をここに見ることができる。また、東大寺では長久三年（一〇四二）に鑑真忌が創始されるなど(7)、東大寺草創期に関わる高僧らの顕彰活動がこの時期次第に整備されていったのである。

もっとも、創始当初の良弁の「御忌日」の儀礼が講説・論義を伴うものであったかは疑問が残る。創建当初の開山堂そのものの規模からも、おそらく当初は良弁僧正の坐像前にて供養、讃嘆等を行う比較的小規模な儀礼であったと思われる。

（二）華厳講としての良弁忌

一方、鎌倉期に入ると良弁の忌日儀礼は大きな展開を見せることになる。治承四年（一一八〇）、平重衡（一一五八～一一八五）による南都焼討によって、東大寺は大仏殿など諸堂の多くが灰燼に帰した。鎌倉初期の東大寺はこの兵火からの復興が大きな課題であり、俊乗房重源（一一二一～一二〇六）や東大寺別当となる弁暁（一一三九～一二〇二）などの尽力によって、諸堂が修復・新造されていくことになる。

そうしたなか、開山堂は法華堂・二月堂などとともに延焼を免れていたが、弁暁が東大寺別当であった正治二年（一二〇〇）、重源によって「良弁僧正御記堂（御忌堂）」の造営が実施されている(8)。この造営は重源『南無阿弥陀仏作善集』では「奉修複　僧正堂御影堂」として「修復」であるとされるが(9)、実際には既存の開山堂の修復ではなく、大仏殿様式への新造ともいえる大規模な造営作業であった(10)。

その五十年後にあたる建長二年（一二五〇）、開山堂は現在地に移され、外陣などをめぐらせた現在の堂舎の形式に整備・増築されたが、その際の供養の導師を尊勝院の学侶宗性（一二〇二～一二七八）が勤めている(11)。その供養の儀礼そのものは伝わらないが、『東

大寺続要録』によれば「請僧四十余口」という規模の大きなものであった。鎌倉初期の東大寺では、良弁の御影を安置した堂舎の新造・移築・供養と立て続けに良弁を顕彰する営みが進められたのである。

注目したいのは、こうした良弁ゆかりの堂舎をめぐる新たな動きの背景に、良弁に対する信仰の高まりがあったと考えられることであろう。周知のように、鎌倉期には東大寺創建に関わった聖武天皇・菩提僊那・行基・良弁の四名は「四聖」として聖者化が図られていったが[12]、とりわけ良弁は「弥勒化現」として高く位置づけられていく[13]。また開山堂を新造した重源自身の信仰も見逃せない。重源『南無阿弥陀仏作善集』に記された高野山新別所への納入品リストには「良弁僧正御筆見無辺仏土功徳経一巻」として、良弁自筆とされる『功徳経』が掲載されている[14]。ここには、東大寺創建の祖師としての良弁への関心の高まりを如実に見て取ることができるように思われる。

さらにもう一点注目したいのは、こうした良弁信仰を主導したのが東大寺尊勝院の学侶たち、すなわち華厳宗の僧らによるものであったと考えられる点であろう。尊勝院は天徳四年（九六〇）、東大寺別当であった光智（八九四～九七九）によって奏上され創建されたもので、東大寺における華厳学の拠点として平安・鎌倉期に大きな勢力を有した院家であった。先述のように建長二年の開山堂移築に伴う供養の導師は尊勝院の宗性であったが、鎌倉期には二月堂・法華堂とならんで開山堂はこの尊勝院が管領していた[15]。重源や弁暁、宗性らによる良弁の顕彰活動の背景には、尊勝院と開山堂との深い関係性が窺われる。

注意したいのは、良弁の忌日、すなわち十一月十六日の儀礼は『東大寺要録』に「十一月（中略）十六日花厳講　於二羂索院一行レ之但花厳宗、五ケ日」とあるように、開山堂ではなく羂索院すなわち法華堂にて実施されており、華厳宗の担当による「華厳講」と称されている点である。この華厳講においていかなる儀礼が行われたか未詳だが、文字通り『華厳経』の講説が実施されたものと推測され、しかも五日間を要する一定規模を誇る法会であった。この華厳講が良弁の忌日法会、すなわちこれまで見てきた良弁忌と認識されていたことは、建長二年の宗性による表白文草案（『春華秋月抄』所収）に、「寛仁三年十一月十六日被レ始二御忌日法会一、当寺花厳講申《トス》是也」とあることから明らかである[16]。つまり、良弁忌は寛仁三年の創始以後、実際には法華堂における『華厳経』の講会として機能し、尊勝院によって継承されていったと考えられる。

良弁は鎌倉期には華厳宗の祖師として明確に位置づけられ、「日本華厳の創始」としての地位を得ていくことになる[17]。いうまでもなく良弁と華厳学との関わりは天平十二年の『華厳経』講説を主導した点に求められるわけであるが、良弁自身が華厳学の素養をどこまで有していたかは判然としない。『東大寺要録』巻一の良弁伝においても華厳との関わりが特段強調されているわけではない。その良弁を「華厳宗祖師」として高く位置づけていったのは、自らのルーツとして良弁を捉えていこうとする尊勝院や法華堂の華厳宗僧らによる働きがきわめて大きかったものと思われる。法華堂という天平期の『華厳経』講説が行われた金鐘寺に淵源をもつ堂にて厳修される良弁忌には、そうした華厳とのつながりが明瞭に意識されていたと考えられるのである。

(三) 『顕無辺仏土功徳経』講説と経釈の形成

以上のように尊勝院による良弁忌日儀礼の関与をみてきたが、もう一点、現行の良弁忌の儀礼を考える上で重要であるのが、東大寺における『功徳経』の講説である。これは『東大寺要録』に「八月十一日講二功徳経一於二羂索院一行レ之。但花厳宗講レ之」とされるように[18]、やはり羂索院にて華厳宗によって担われており、文字通り『功徳経』の講説を中心とする講会であった。

この講会については、東大寺図書館蔵『顕無辺仏土功徳経釈』(書蹟№.七三一-一)に詳細が記録されており注目したい。本資料は、応永三年(一三九六)八月七日に尊勝院にて「鼓坂」の「但尊法印覚性」の所持本をもって書写されたもので、「文永六年(一二六九)八月十二日書写之。大法師快舜書写之畢」との元奥書を有する。内容的には①「顕無辺仏土功徳経釈」と②「記録」の二つの部分からなっており、①は現行の良弁忌の経釈と全く同一であるなどきわめて興味深い内容を持つが、この点は後述することとして、まずは『功徳経』講説の実態が知られる②「記録」部分をみておこう[19]。

記録

功徳講所作次第等事

一 所作

於法花堂花厳宗始自毎年八月十一日勤行之／三ヶ日講師成業以上﨟次勤之於問者役者学侶／分成業非成業﨟次勤之於講問重役者守﨟／次亦如前勤之於読師者非成業随﨟次各勤之／唄役者講師分外下座一﨟役也於散花役者学／衆分勤之但二ケ日者各講師同朝暮両座結／日者訓廻向一座講読等同前 至問者於禅衆者至勤役矣

一供料勘分

玉瀧庄一石五斗日別五斗寺斗定 以之起分テ当座／於仕衆被以入物講師加分貳升読師幷問者各一升／於承仕行者等分一口也／右先例如此所行来也向後更不可背之抑寺領等自／関東事起而有再興之沙汰功徳講料庄等若熟之／時者故守此式可被准勤行者也依評定為／後日粗記録状如件

弘安九年八月十三日／大法師親尊

(『顕無辺仏土功徳経釈』第三紙)

これによれば、『功徳経』の講説、すなわち功徳講は法華堂において華厳宗が始めたもので、八月十一日から三日間勤められる。「朝暮両座」とあるように一日につき朝座・夕座の二座が勤められ、講説とともに論義を伴った一定規模を有する講会であったことが知られる。また講師や問者、読師などの配役もその学侶の法臘にあわせて定められており、供料の配分についても先例としてその詳細が記録されている。弘安九年(一二八六)八月十三日の識語が示すように、鎌倉中期、すなわち先に検討した宗性の在世時期にはこの形式が整備されていたことが知られる。功徳講は華厳講と並ぶ華厳宗僧による儀礼として継承されていたのである。

ところで、ここで問題となるのは功徳講と良弁忌との関係である。功徳講は『功徳経』の経釈を読みあげ、さらに本経の内容に関すると思われる講問論義を含むものであった。このことは、まさに現行の良弁忌と儀礼内容が一致する。つまり、功徳講の儀礼は何らかの

時点で良弁の忌日に行う儀礼（良弁忌・華厳講）として再構成され、現在に至っているのである。その再構成された時期については、現時点で確定的なことはいえない。しかし、現在、東大寺の寺役にて依用されている表白の次第には、こうした良弁忌の再編について興味深い記述が存在する。例えば東大寺持寶院蔵『開山講表白』には、次のような内容が記されている。

是ヲ以テ長和之昔《ソノカミ》有慶大僧都勧誘シテ雖《トモ》レ修《スト》二影供《ヲ》一歴年遂廃《ニシ》
延享之頃貫主法親王厳命《シテ》再ビ企《テ》二恒規《ヲ》一長日無《ラン》レ怠《ルコト》古今時異《ナレト》
因《モ》縁是《レ》同《ジ》爰《ニ》専寺《ノ》學侶等　学《テ》二難解之軌則《ヲ》一味《ヘバ》二難入之義理《ヲ》一雖沈
身於／粟散之辺土遥聞餘風已性心蓮發雖受生於扶桑之小国遠汲
遺流洗妄想塵垢（持寶院蔵『開山講表白』）

これによれば、長和年間（一〇一二〜一〇一七）に有慶僧都によって「影供」が勤修されたが、その後は「歴年遂廃」した。しかし延享の頃（一七四四〜一七四八）、すなわち江戸時代中期に「貫主法親王」によって再興され、継承されてきたという。有慶は寛仁三年（一〇一九）の良弁忌を創始した人物であり、長和とするのはやや年代が早いが問題はないであろう。

興味深いのは長らく衰退していた供養が再興されたとする点である。再興を担ったという「貫主法親王」は、時代的には延享年間頃の東大寺別当であった寛宝（邦頼親王／一七七三〜一八〇二）を指すと考えられる。

こうした表白の伝承を史実として直ちに受け取ることには慎重になるべきであり、またこの時の再興（再企）がいかなるものであったかも定かではない。しかし、現行の良弁忌の儀礼内容の整備にあたっては、江戸期に何らかの再編が加えられたとみることはできるだろう。『開山講表白』には、①散華、②表白・神分、③勧請、④経釈（『顕無辺仏土功徳経』）、⑤講問（無辺仏土・海印惣定）、⑥読誦（『顕無辺仏土功徳経』）の要素が整えられている。これは現行の良弁忌の内容と同一である。この点を踏まえるならば、江戸中期における良弁忌の「再興」とは、従来功徳講として継承されてきた内容を良弁忌の儀礼として厳修するという大きな改編を伴うものであったと思われる。つまり、平安期から続く良弁忌（華厳講）と『功徳経』講説とが結合し、再編されたものが現在の良弁忌の儀礼内容と考えられるのである。

以上、雑駁ではあるが限られた資料から良弁忌の生成を確認してきた。当初、小規模に始められた良弁の忌日儀礼は、華厳宗を中心とする『華厳経』の講説・論義を伴う法華堂における講会、すなわち「華厳講」として整備され継承されていった。一方、『功徳経』の講説もまた華厳宗によって「功徳講」として担われていったが、良弁忌の再興が行われた江戸中期に、功徳講の内容がそのまま良弁忌の儀礼として結合・再編され現在に至ったものと考えられる。

こうした良弁忌と功徳講との結合にあたっては、いうまでもなく良弁による自筆の書写と伝承される『功徳経』（良弁願経）に対する信仰が介在したといえるだろう。重源が良弁自筆写本をきわめて尊重したように、中世以降、華厳宗において良弁を顕彰する重要な要素として『功徳経』が位置づけられたことで、両者の再編が可能となったものと思われる。以下、この点に留意しつつ、現行の良弁忌の主要要素である『功徳経』経釈と論義の内容について実際に検

討してみよう。

二　『顕無辺仏土功徳経』経釈と論義の特徴

(一)　良弁周辺における『顕無辺仏土功徳経』受容

現在行われている良弁忌では、表白や経釈をはじめ論義の問答を行うにあたり、寺役を担当する各院に継承される問者草・講師草がそれぞれ用いられている。本稿では、このうち表白・論義については主として東大寺持寶院蔵『開山講表白』に拠る。また経釈については室町期の写本である東大寺図書館蔵『顕無辺仏土功徳経釈』を中心にその内容をみていきたい。

『功徳経』は唐・玄奘訳による一巻であり、『六十華厳』(仏陀跋陀羅訳)「寿命品」、『八十華厳』(実叉難陀訳)「寿量品」の別訳となる比較的短い経典である(『大正新脩大蔵経』巻一〇所収)。内容としては、インド・摩伽陀国の閑寂法林に座した釈尊が不可思議光王菩薩に対して、娑婆世界から始まる十一の仏国土の「時分荘厳(時間と荘厳の様子)」の勝劣について説示するというものであり、文字通り仏土の功徳が主要テーマである。

『華厳経』「寿命品」「寿量品」と比べると、内容的にはほぼ同一である。ただし、『功徳経』では、この経典の内容(無辺仏土功徳法門)を受持・読誦し、思惟して他者に広く説示することによって、臨終時に十方仏土の無量の諸仏が目の前に現前すること、すなわち仏土への往生が可能となることが強調されている[20]。つまり、経典の功徳と浄土往生を勧める経典としての性格が付与されているのが特徴といえるだろう。

先述のように功徳講では本経の講説が行われ、これらが良弁忌の儀礼として継承されることになるが、実際に良弁との関係はどのように窺われるだろうか。まず注目したいのは「良弁願経」として知られる東大寺図書館蔵『顕無辺仏土功徳経』であろう。これを良弁の自筆と見ることができるかについては留保が必要であるが[21]、そもそも良弁周辺では『功徳経』が注目されていた点は見逃せない。例えば、石川年足(六八八〜七六二)や慈訓(六九一〜七七七)はしばしば本経に関心を寄せていたようであり、とりわけ慈訓は天平勝宝四年(七五二)に『功徳経』を含む『華厳経』の別訳経典を造東大寺司写経所に奉請している[22]。

さらに、『功徳経』の別訳である『華厳経』「寿量品」に目を向けると、天平勝宝二年(七五〇)には四千巻に及ぶ大量書写が実施されている[23]。こうした大量写経の一つに「寿命品」が取り上げられていることは、この時期の華厳教学への関心の高まりとともに、現世における功徳を期待する一種の陀羅尼としての役割を担っていたと可能性が窺われる。実際に良弁の門下とされる安寛は天平勝宝五年(七五三)、聖武天皇不予にあたって『如意輪陀羅尼経』などの密教経典とともに「寿命品」を読誦している[24]。「寿命品」には陀羅尼などと同様の効果が期待されていたとみてよいだろう。「寿命品」そのものはあくまで諸仏の国土における時間が主題であり、寿命の延長(延命)が説かれているわけではない。しかし、文字通り寿命・寿量に対する功徳を有する経典として「寿命品」とその関連の経典が受容されていたと思われる[25]。

また、やや時代が下るが教理面においても「寿命品」が注目され

ていた事例として、宝亀七年（七七六）の『東大寺六宗未決義』もあげておきたい。ここでは「華厳宗未決文義」として六条の疑問が提示されるなか、第二条に「寿命品」に関する問題が採用されている[26]。このように、天平十二年（七四〇）から始まる東大寺における『華厳経』講説と同時期には、良弁周辺において『功徳経』や「寿量品」への高い関心があったと考えるならば、本経が良弁の遺徳を顕彰するものとして用いられていくことには一定の由縁があったといえるだろう。

（二）経釈について

そこで、東大寺図書館蔵『顕無辺仏土功徳経釈』の内容をみてみよう。以下、長文となるが全文を示したい。

顕無邊佛土功徳經釋
今将釈二此経一可有大意等三門一初大意者有／惣一有別一惣者以一経ノ
大旨一以二法爾等十種所レ以一説／此経一別者為三答二前第二會中十
項問一十項者娑婆／世界等十重相望《サウマウシテ》各以二終極一為頂一謂娑婆世
／界以安楽世界一為頂一乃至荘厳世界以鏡輪《キャウリン》世／界一為頂一是則
顕三就二機一有二佛壽修短一也
第二釈名一者顕者顕示義无邊者涯際《カイサイ》无／極一也佛者果満為名一覺
照為義一土者世／界也 酬《ムクヒテ》功一生 徳一云功徳一経者貫泉《セン》之義／故
云顕無邊佛土功徳經一也
第三入文解釈 者今經即具本經中如来壽／命品 故不一可一有一序
分流通一然《シカレトモ》 而經家以具本之／序分等一安別行経始 如是等句一
故有三／段一初序者有三一一如是 者所信 言二一我聞 ／顕能聞
人二三一時者第二七日時也四在／摩羯陀国等下説經處諸菩提場
五与十／下同聞衆也第二爾時會中下正宗 惣分／為二一初光王菩
薩請問後如来答 問中／有二一初請レ問儀一謂外形之恭敬 後 正請
一／問 諸佛刹土時分等功徳一也付如来答／有三一初舉十世界一漸
次校レ二量佛壽一謂請佛壽命有三一一約徳一謂具レ二足報命戒命／恵一
〇二就 實一命根无量 量《ナリハカルカ》二於未来一故 三就／權一所感現脩短一故
善男子如是下次類レ二／顕百万一也後最後世界下顕土極一謂顕徳／
世界已後刹《セツ》海平等 无有優劣一即普賢／境界也第三若有善男子
下舉佛土功／徳殊勝一 令人一生信一謂受持讀誦人臨／命終時一諸
佛現其前一為二人一演説之輩 ／随願一生浄刹一次時薄伽梵下流通明
／大衆信受奉行一也」（第一～三紙）

（現代語訳）

今この経典（『顕無辺仏土功徳経』）を解釈するに三つの門（大意・釈名・入文解釈）がある。初めに大意である。これには全体（惣）と個別（別）の二つがある。全体とは、一つの経典の大意により、「法爾」などの十種の〔『華厳経』という〕由来をもって、この経典を説くのである。個別とは、〔『華厳経』の〕第二会（普光法堂会）のなかに説かれる「十頂の問い」に答えるためである。十頂とは、娑婆世界などの十の世界の重なりを互いに比較して、それぞれの終極をもって頂点とする。例えば娑婆世界は安楽世界をもって頂点とし、荘厳世界は鏡輪世界をもって頂点とする。これはつまり、〔衆生の〕機根の立場から仏の寿命に長短があることを明らかにしたものである。

次に題目を解釈する。「顕」とははっきり示すという意味。「無辺」とは際限がないことである。「仏」とは果が完全であることを

名前とし、悟りの内容が照らし出されていることをその内容とする。「土」とは時間と領域（世界）のことである。［修行の］功に報いて徳が生じるから「功徳」という。「経」とは貫き穿つという意味である。以上のことから「顕無辺仏土功徳経」という。

次に経文を解釈する。この経典は完本の経典（『華厳経』）のなかの「如来寿命品」である。したがって序分と流通分は存在しない。しかし、経典の編纂者（経家）は完本の序文などをもって別訳である［この］経典の最初に「如是」などの句を置いている。したがって、これに三段（序分・正宗分・流通分け）がある。

初めに序分。これには三つある。第一に「如是」というのは、信じる対象（所信）の言葉。第二に「我聞」というのは教えを聞く人。第三に「一時」というのは［仏が禅定に入られて］第二七日（二週間）の時。第四に「摩伽陀国」などの下［の記述］は教えが説かれた場所のこと。第五に「与十…」以下［の文章］は同じく聴聞する人々のことである。

第二に「爾時会中」以下［の文章］は正宗分にあたる。その全体を二つに分ける。はじめに光王菩薩が［釈尊に説法を］要請した問いの後は、如来の答えにあたる。初めの問いのなかに二つある。一つは問いを要請するときに敬うという意味。二つには諸仏の国土の時分などの功徳について質問しているものである。後の如来の答えに三つある。はじめに十の世界を列挙して、順番に仏の寿命を比較する。すなわち仏の寿命に三つある。一つは徳の立場から報命・戒命・恵命を完全に備えている。二つに真実の立場ではその命根には際限がない。［経典では］未来と比べているからである。三つには仮の立場では［衆生が感じる時間に］長短があるからである。二つには「善男子、如是」以下［の文章］は、百万［の世界の存在］を明らかにする。三つには、「最後世界」以下［の文章］は、国土の窮まりを明らかにする。すなわち顕徳世界以後は諸仏の世界は平等であり優劣がない。これは普賢の境界である。

第三に「若有善男子」以下［の文章］は仏土のすぐれた徳をあげて、人に信を生じさせる［部分である］。すなわち［この経典を］受持し、読誦する人は臨終時に諸仏がその前に現れ、その人をその願いにしたがって浄土に生じさせる。

次に「薄伽梵」以下［の文章］は流通分である。大衆が信受し、実行することを明らかにしている。

以上のように、全体を通して①大意、②題目、③随文解釈の三つに分けて『功徳経』の解説がなされており、簡潔であるが要を得た内容となっている。内容的に大きな特徴は見出し難いもの、経典解釈の基本である序文・正宗分・流通分に分類している点は注意される。『功徳経』は本来、序文や流通分に相当する箇所は存在しないが、『華厳経』とのつながりを一定残しつつも単行の独立した経典として『功徳経』を捉え、儀礼の場で読誦することが可能となるよう配慮されていることがわかる。

なお、以下に示すように法蔵（六四三～七一二）『華厳経探玄記』における『華厳経』の解説部分を転用して構成されている箇所がある。

【経釈】	【探玄記】
将釈此経可有三門。初大意者、有惣別二。惣者、依一経大旨、	初釈名者、往業所引報果名寿。任持色心不断名命、品内弁此、

以法爾等十種所以、説此経。別者、為答前第二会中十項問。十項者、十重相望、各以終極名頂。故安楽界為娑婆頂等。是則顕就機有仏寿修短也

故以為名。二来意者、有二。一遠意。為答普光十頂問故、以十重相望各為終極、得名頂。（大正三五、三九〇中）

【経釈】

次題目者、顕者顕示義。無辺者涯際無極也。仏者果円覚満称。土者界也。酬功生徳云功徳。経者貫穿之義。故云顕無辺仏土功徳経也。

【探玄記】

然即大以包含為義。方以軌範為功。広即体極用周。仏乃果円覚満。華譬開敷万行。厳喩飾茲本体。経即貫穿縫綴。能詮之教著焉。従法就人寄喩為目。故云大方広仏華厳経。（同、一〇七中）

こうした転用は、そもそも『功徳経』自体の注釈書が存在しないなかで、『華厳経』の注釈をもって代用する必要があったことによるものであろう。『顕無辺仏土功徳経釈』がいつ誰の手によって制作されたかは未詳であるが、先述のように文永六年（一二六九）の元奥書を有する写本であることから、鎌倉後期、すなわち宗性と同時代の尊勝院にて継承されていたことは疑いない。『功徳経』に対する経釈は管見の限り本資料の他に見いだせないものであり、中世の功徳講の実態を窺い知れる貴重な資料といえよう。

（三）論義「無辺仏土」について

最後に『功徳経』に関する論義について検討したい。現在の良弁忌では「無辺仏土」と題された論題、および華厳教理に関する論題の計二題が勤められている。東大寺持寶院蔵『開山講表白』では、華厳教理の論題は「海印惣定」が記載されている。以下、「無辺仏土」（網掛け箇所）に注目して内容をみておこう。

問　宗家《ノ》意以二海印三昧《ヲ》一為《スト》二華厳惣所依定《ノト》一可レ云《フ》耶

問　講讃《ノ》経《ノ》中《ニ》幾許《ノ》説《クト》二佛土《ヲ》一可レ云《フ》耶

答　是《レハ》無辺仏土《ト》云《フ》文《ノ》意《ナリト》　サテ彼《レハ》是《レハ》経文《ニ》不《ル》レ挙《ケ》レ之《ヲ》也《ト》答《ヘ》申可《スキ》也

問　是《レハ》答《ヘ》申《スニ》付来《テレル》御難正《ク》披《イテ》二華厳一部《ノ》始末《ト》一尋《ヌルニ》二所依《ノ》三昧《ヲ》一始自《ヨリ》二如来浄蔵三昧一終至二師子奮迅三昧一雖二会々《ノ》別定一列《ヲ》無《ヌトシ》レ挙《ルコト》二海印三昧《ヲ》一明《ニ》知《ヌ》非《ズト》二惣定《ニ》一見《ヘタリ》　サテ彼《レハ》

問　是《レモ》答《ヘ》申《スニ》付来《テレル》疑難正《ク》披《タルニ》二経文《ヲ》一索箇等仏土《ノ》説《ヲハケリ》無辺佛土《ノ》説甚《タ》難レ思加之賢徳仏土《ヲ》数《ルニ》十一箇《ノ》佛土可レ有見《ヘタリ》　如何成《ジ》申《スヤ》

答　此事始自《リ》二釈迦牟尼仏土終至《マデ》二月覚仏土《ニ》一明《カシ》二諸仏国土時分荘厳勝劣《ト》一畢《テ》次下《ニ》如是世界展転漸増満十不可説倶底那由多百千仏土極微塵數世界仏土《ト》説任《スル》二経文現相《ノ》一無辺仏土《ニ》旨《ノ》分明也《ナリ》　相違《アルベカラズ》　サテ彼《レハ》

答　此事難二学者《ノ》異義《ナリトセ》一任二一義《ノ》旨《ニ》一為《スト》二惣定《ト》一云《フヲ》義成《ジ》申可《スキ》也其故《ノハ》見《ルニ》二経文《ノ》一賢首品《ニハ》一切示現無有余海印三昧威神力故説《トキ》宗家若依《ハ》海印諸会通有判《シテ》以《テ》二海印三昧《ヲ》一為《ト》二惣定《ト》一云《フ》事経文解釈分明也但《シ》於《ハ》二経文《ニ》不レ挙レ之《ヲ》云難《ニ》一略《シテ》不レ挙二惣定《ヲ》一可二心得一也相違《アルウベカラズ》依《テ》咎《ナシト》　答《ヘ》申可《スキ》也

このように、「無辺仏土」は二問二答によって構成される。まず第一問では『功徳経』に説かれる仏土の数が問われる。これに対し、仏土の数は限りない（無辺仏土）という『功徳経』の文意を踏まえると、そもそも経典には明記されないと回答されている。つまり、この論義の主題は『功徳経』に説かれる諸仏の国土の数が文字通り際限がないとみてよいのか、あるいは国土の数に限りがあるのかが問題とされるのである。

これに対し、第二問では経典には索箇世界（娑婆世界）などの具体的な仏土が説かれていることから、「無辺」であるとは理解し難いこと、また賢徳仏土まで全部で十一の仏土が説かれることから、やはり仏土の数には限定があると疑義が提示されている。そこで、この問題については、経典の前半部分にそれぞれの仏土の時間と荘厳の様子の勝劣が具体的に説かれているが、後半では「不可説」なる「極微塵数世界の仏土」とあるため、経典の内容を総合的にみるならば、仏土の無辺性が説かれているとみてよいと結論づけている。

以上のように、この論義では『功徳経』そのものには必ずしも仏土の無辺性が強調されていないことから、経題と内容との整合性が厳密に問われるという内容となっている。その上で、『功徳経』に説かれる仏土の遍満性が強調されているのである。

この論義の成立時期については現時点では不明であり、中世に遡る写本も見出し得ない。先述の経釈と並んで『功徳経』の貴重な論義であり、成立事情については今後の検討を期したい。

まとめ

以上、良弁忌の形成過程と経釈・論義について若干の報告を行った。寛仁三年（一〇一九）に創始された良弁忌は、尊勝院僧などによる華厳宗の儀礼「華厳講」として継承されるとともに、近世には『功徳経』の講説である功徳講の儀礼内容と結合・再編されることで、現行の良弁忌の形式（『顕無辺仏土功徳経』の読誦・経釈・講問論義）が成立したと考えられる。

良弁忌は平安期以降、東大寺の創建に関わる華厳宗の始祖としての良弁に対する信仰のなかで継承されてきた重要な祖師儀礼であるが、資料的制約から不明な点が多い。本稿ではその解明のための緒として『顕無辺仏土功徳経釈』、および現行の講問論義「無辺仏土」の教理内容について報告を行った。『功徳経』の経釈や論義は東大寺に遺存する聖教群のなかでも類例を見ないものであり、きわめて貴重なものといえるだろう。その全体像の解明については、東大寺における他の祖師の忌日法会や、方広会など中・近世に展開する華厳関係論義の検討とあわせて今後の課題としたい。

（のろ　せい・龍谷大学）

謝辞
本稿を成すにあたり、東大寺執事長・上司永照師、並びに上司永観師より多大なるご教示を賜りました。また東大寺図書館所蔵資料の閲覧・翻刻にあたっては坂東俊彦氏（東大寺図書館）、並びに横内裕人氏（京都府立大学）より格別のご配慮ご教示をいただきました。記して感謝申し上げます。

註

（1）東大寺における年中行事としての良弁忌については、上司海雲「東大寺歳時記　良弁忌」（『日本美術工芸』三八七・一二月号、一九七九年）にその様相が報告されている。
（2）良弁忌の解説として平岡定海『東大寺辞典』（東京堂出版、一九九五年）「良弁忌講問」がある。また、南都における祖師儀礼については佐藤道子「祖師会の史的研究」（『芸能と科学』九、一九七八年）参照。
（3）現在の良弁忌における儀礼の要素については平岡定海『東大寺辞典』参照。なお、筆者は二〇二二年十二月十六日の夕刻より厳修された開山堂における良弁忌を聴聞する機会を得たが、同様の儀礼内容であった。
（4）「一、僧正堂　根本僧正御影堂。寛仁三年十一月十六日。始行二御忌日一。勧進有慶大僧都」（『東大寺要録』諸院章、国書刊行会、一一三頁）
（5）西谷功「南都北嶺の祖師忌―東アジア仏教儀礼の視点から―」（『国際社会と日本仏教』丸善出版、二〇二〇年）、同「祖師像と宋代仏教儀礼―礼讃文儀礼を視座として―」（『アジア仏教美術論集　東アジアⅣ』（中央公論美術出版、二〇二〇年）等参照。
（6）『三宝絵詞』（新日本古典文学大系三一、二二〇～二二一頁）参照。
（7）「長久三年。始行二鑑真忌日一。」『東大寺要録』別当章、国書刊行会、一八一頁）
（8）『東大寺別当次第』（『大日本仏教全書』一二一、四四〇頁上）
（9）重源『南無阿弥陀仏作善集』（『俊乗房重源史料集成』三七八頁）
（10）開山堂の修造については『国宝東大寺開山堂修理工事報告書』（奈良県教育委員会、一九七一年）、山本栄吾「東大寺開山堂管見」（『南都仏教』一〇、一九六一年）参照。
（11）「一、僧正堂事。右。定親別当法印。於竈神殿辰巳岡上被レ移二造良弁僧正御影堂一了。即建長二年十一月十六日被レ展二供養一了。導師法印権大僧正宗性。請僧四十余口。別当着座。鈍色。五帖。」（『東大寺続要録』国書刊行会、六九頁）
（12）藤巻和宏「東大寺四聖本地説の成立」（『伝承文学研究』五四、二〇〇四年）参照。四聖講は正嘉元年（一二五七）に創始される。「且為レ報二謝四聖之恩徳一、且為レ令レ興二隆一寺之仏法一、毎レ迎二四聖之忌日一、令レ修二二問之講行一」（『東大寺続要録』国書刊行会、一五九頁）
（13）東大寺蔵「四聖御影」讃（建長八年・一二五六）参照。
（14）『南無阿弥陀仏作善集』（『俊乗房重源史料集成』三七八頁）
（15）堀池春峰「二月堂炎上と文書聖教の出現」（『南都仏教史の研究　上　東大寺篇』法藏館、一九八〇年所収）参照。
（16）宗性『春華秋月抄』の翻刻は『国宝東大寺開山堂修理工事報告書』（一九七一年）四頁参照。
（17）例えば凝然は「大日本国、天平十二年庚辰良弁僧正創弘二華厳一。日本華厳自レ此而始」（凝然『華厳宗要義』第日本仏教全書一三、二六六下）として「日本華厳始祖」としての良弁を強調する。
（18）『東大寺要録』諸会章、国書刊行会、一三二頁）参照。
（19）東大寺図書館蔵『顕無辺仏土功徳経釈』の翻刻にあたっては原態通りに翻字した。ただし紙幅の関係から行取りについては一部追い込みとし、改行箇所を「／」にて示した。
（20）「若有善男子、善女人。聞此顕示無辺仏土功徳法門、歓喜信重。受持読誦、如理思惟、広為他説。臨命終時、十方仏土、無量諸仏、皆現其前」（大正一〇、五九二上）
（21）良弁願経については、横内裕人「顕無辺仏土功徳経」解説（『日本歴史』六八七、二〇〇五年）参照。
（22）蔵中しのぶ「石川年足甍伝と大安寺文化圏―『顕無辺仏土功徳経』奉請をめぐって」（『奈良・平安期の日中文化交流―ブックロードの視点から―』二〇〇一年、一〇〇頁）参照。
（23）石田茂作「奈良時代の写経について」（『奈良時代文化雑攷』一九九四年、一五七頁）参照。
（24）「奉請／如意輪陀羅尼経小巻／右為大御多未爾将誦　所請如前／又釈摩界陀羅尼／又花厳経寿命品／天平勝宝五年九月廿三日付沙弥定矜／僧安寛」（『大日本古文書』編年文書巻一三、四〇頁）。安寛による陀羅尼受容については堀池春峰「道鏡私考」『南都仏教史の研究　下　諸寺篇』法藏館、一九八二年、三九一頁）参照。なお堀池論文については中西俊英氏（京都女子大学）よりご教示を賜った。記して感謝申し上げます。
（25）石井公成氏は、聖武天皇周辺において『華厳経』は『最勝王経』などの護国経典と同様に、護国や延命などの利益をもたらす経典として理解されていたことを指摘している（石井公成「聖武天皇の詔勅に見える誓願と呪詛」『華厳思想の研究』春秋社、一九九六年）。
（26）「二、寿命品云、以二娑婆一劫一、於二極楽世界一、為二一昼夜一者、劫数不レ同。若就二何劫一、以為二一劫一、此義如何。」（『大日本仏教全書』三、一頁上・下）。

東大寺開山堂良弁僧正像再考
—伝承、説話と肖像制作—

川瀬由照

はじめに

東大寺開山堂本尊である木造良弁僧正坐像は東大寺初代別当とされる良弁僧正（六八九〜七七三）の肖像で、数少ないわが国古代肖像彫刻を代表する彫像として知られている（図１）。通常は秘仏で、八角厨子内に安置され、毎年の開山忌である十二月十六日に開扉される。当初の彩色がよく残る保存状態良好な尊像でありながら、造像に関する史料はなく、作品自体の作風も古代肖像彫刻の遺例が少ないため、制作年代についてはいくつかの見解がある。しかも本像を専論とする論文はほぼない状況である。本稿ではかつて実査した経験と今回のグレイトブッダシンポジウムに当たり本像を担当する機会[1]を得たことにより、これまでの研究を振り返りながら本像制作の意義について考察したい。

図1　良弁僧正像　全身右斜側面

図2　良弁僧正像　頭部正面

図3　同　頭部右側面

一　像の概要

形状

円頂、額・目尻に三条の皺、唇左右端の頬にも皺を表す。耳朶を内に窪ませ、三道は表さない（図2・3）。内衣（右前打合せ）、覆肩衣、袈裟を各着す。両足部正面袈裟下よりのぞかれる下半身の衣は内衣か。内衣の打合せをやや広げ胸部中央に肉身を露わにし、肋骨、胸骨を表す。覆肩衣は両肩より懸け、右は袈裟の外側から前膊を覆って膝側面に垂下する。袈裟は右肩に懸け、背面では右腋に向かって斜めにわたり、腋下、正面を通って右肩に懸けて衣端を背面に垂下させる。右肩正背面より二条の紐で吊る。正面では袈裟の折返しに紐先が隠れる。左手垂下し、掌を上にして膝上に置き、全指を伸べて第一・三・四指を付根よりやや曲げて指先で持物を摘まむ。右手垂下し、掌を下に向け全指を屈して掌中に空隙をつくり、第一指は第二指外側より指先を第二関節につける。正面を向いてわずかに顎を引き、左足を衣で包みながら上にして跏趺坐する。

品質構造

榧とみられる針葉樹材の一木造りで、白下地彩色仕上げである。頭体幹部を木心を背面左方にこめた一材より彫出する。両肩外側部（右は肩より外側）と両足部をそれぞれ矧ぎ、両手首先は袖先を含んで各一材を矧ぐ。内刳は施さない。

表面は、肉身は丹の具に白、剃髪部に白緑を塗布する。眼瞳孔黒、縁に白緑、目尻朱、上瞼墨線。内衣の表は緑。覆肩衣の表は赤、同裏緑。袈裟の表の田相部は白緑及び白群で斑らに表し、刺子を墨、

図4　同　全身左側面

図5　同　全身背面

緑で点綴で表す。遠山文様は緑及び墨で表し、条葉部は朱、緑に朱線の上に薄墨線で墨描し、同裏は緑とする。

保存状態

体部より遊離する衣の一部、左手第三指第一関節より先を後補とする以外は後補箇所はない。

持物(2)

手に執るのは如意で、形状は爪部（掌部）と柄部からなり、爪部は前方を曲げて先端二箇所の切りこみを入れた三爪で、中央に一条の鎬を立てる、いわゆる孫手形如意である(3)。爪部の基部が象頭部となり、象の鼻が伸びて爪部となる。柄は十節の竹根形につくる。構造は堅木(4)の一材製で生漆仕上げである。柄の下端を一部削る。

二　先行研究

本像に関する研究は少ない。先行研究については金子典正氏がまとめており、本稿で重複して記述する必要はないので主要点および取り上げられていない論考についてのみ確認する(5)。専論はほとんどなく、個別解説か肖像彫刻を論じる中で語られることがほとんどである。『東大寺諸伽藍略録』（元禄十年（一六九七）頃）に自作と注記されることから寺伝としては自作として伝わってきたと想像される。寺伝のままに奈良時代の作とする見解もあったようだが、大正十二年、村山旬吾編『日本美術名作集』第六輯の図版解説では本像について、「今や之を貞観時代の仏像彫刻に比するに、その様式全く一致するものある」とし、「東寺の僧形文殊の如きものありて、是れ亦一傑作なりとすべき」と述べており、本像を平安前期の貞観

時代（八五九～八七七）と指摘しているのは注目される。[6]田澤坦氏も概説書の中で弘仁時代（八一〇～八二四）の制作との見解[7]を示している。また『日本国宝全集』の解説[8]では後述する『東大寺要録』（嘉承元年＝一一〇六頃編纂）巻四の諸院章に記される寛仁三年（一〇一九）十一月十六日の初めての忌日法要を制作年代とみなし、以後本史料が良弁僧正像制作年代の目安とされるようになった。以後研究者の見解は平安時代の作とすることでは一致している。

小林剛氏は「鎬の立った彫りの調子、そしてこんな彫りで仕上げられた緊張した面の構成、それにこの像に表現されたきびしいばかりの力強さなど」は「平安初期のものとした方がよいのではないか」として良弁示寂から一五〇回忌にあたる延長元年（九二三）ごろにつくられたのが妥当とした。[9]

ただ『東大寺要録』に記される寛仁三年（一〇一九）忌日法要は重要視され、小林氏の平安前期という見解は顧みられなかった。寛仁三年説を定説化したのは『奈良六大寺大観』における井上正氏の見解[10]であろう。井上氏は「体軀や膝のもつ厚みと鎬を立てる刀法とは、十世紀をあまり降らない特色を示しており、構造も同様に古風である。しかし、これに対して、衣文の整え方や肉身の肉づけのもつ穏やかさは、一段と新様を示すものとみられ、新旧両様の混在が認められとよう」とし、作風や構造のうえでは古い要素を指摘しながらも寛仁三年頃が自然と論じた。実査をともなった『奈良六大寺大観』解説は漠然とした印象論に比べ説得力をもち、秘仏であることもあり、井上氏の見解が定着していった。これにほぼ同意するかたちで上原昭一氏は、内刳のない一木彫の坐像の古様な木取りや、厚みのある体幹部の構成や鋭く刻まれた衣摺の彫り口に制作年代の古さを見ているが全体からうける印象はおだやかで、寛仁三年がもっとも穏当とした。[11]

史料の上では寛仁三年を制作年代とするのは自然であり、作風の上からも平安前期彫刻にみられるような装飾的で数も多い衣文線の表現が見られないことからこの頃とするのが一定の評価を得ていたとみられる。しかし近年では逞しい体軀や鋭い衣文表現、古様な構造から彫刻史研究者の中ではこれに疑問を発する意見が時折みられる。浅井和春氏は薬師寺僧形八幡神像（寛平年間＝八八九～八九八）の刀技に近いとの指摘をし、寛仁三年よりもかなり年代を上げることもできるのではないかと提案した。[12]またこれまで檜材としてきた樹種に関して榧材との見解を示した。松島健氏も「重厚な体軀や鋭い衣文表現など、滋賀・園城寺の開山堂智証大師円珍像（御骨大師、国宝）と近いものがあり、様式的には九世紀後半」と考えられると論じた。[13]さらに良弁がはじめた法華会がのちに良弁追福の法会に変化し、寛平年間頃に良弁忌日に行われるようになったことから良弁の顕彰の動きを背景として肖像が要請されたとの想定を示した。

日本彫刻史の研究者の間では本像に関しては制作年代を上げようとする意見が強くなっているといえる。東大寺に関するドイツ・ケルン市東洋美術館での大規模な展覧会とその帰国展が東武美術館で開催されたが、主担当であった伊東史朗氏の図録論文はこうした状況が反映しているといえる。平安前期彫刻は基準作例が少ないが、その一方で日本彫刻を代表すると言える出色の出来栄えを示す像が多い。本像に関しては比較作品が少ないこともあわせて具体的な時期を示すことが難しい状態であったといえる。伊東史朗氏は東大寺

の造仏機構を考察する中で、松島健氏と同じく園城寺智証大師像(御骨大師)、さらには立石寺慈覚大師像頭部の造形に通じると評価し、古様な翻波式衣文や一木造りなどの豪放な構造から貞観十四年(八七二)の良弁百回忌を肖像制作の契機と想定できるとした[14]。

最近では根立研介氏も「重厚感のある像で、その作風には平安時代前期の要素がかなり濃厚に残っている」とし、平安前期との見解を示す近年の傾向に「像の古様さを積極的に評価してよい」との見解を示している[15]。制作年代に関しては作風、構造の点から平安前期におく意見が多くなっているのが現状である。

三 〝良弁僧正像〟の成立

本像は、像高九十二・四センチ[16]を測る等身の僧形像で、やや伏して前方を見据える鋭い表情や、法衣の襟をくつろげて、胸部を露わにして隆起を強調し、肩を張り、喉には皺はない。僧侶肖像ではよくある老相ではなく、壮年相を表している。持物を執る手の造形も太く力強い。安定感ある頭体のバランスに厚い脚部の表現や鋭い衣文表現とあいまって全体としてたくましい像容にまとめられている。

良弁は宝亀四年(七七三)に八十五歳で没したが、僧侶肖像彫刻の多くが老相につくられることが多い。しかし本像は八十五歳の像容とは思えぬ姿をしている。耳朶を窪ませるのもわが国通途の僧侶像とは異なる。

すでに伊東史朗氏が指摘しているように「克明な写実ではなく理想化による形式的な整い[17]」がある。左右対称な面相、額や目尻、口角横の並列な皺の表現から実際の良弁の姿を写した彫像なり画像にもとづいて制作されたものではなく、神秘的ともいえる表情からも尊像的な意図で造像されたといえよう。東大寺において良弁僧正の姿を写した画像が伝来していた可能性もあるかもしれないが、本人を写したとみられる箇所を指摘することはできず、可能性にすぎない。先行研究が示すとおり、理想的な人物像にまとめられていることからも良弁示寂前後の制作とする見解は現在なく、平安時代とするのが一般的である。没後から百年以上は経っているはずで、とすれば良弁僧正像は平安時代に独自につくりあげられたとみるのが適切であろう。

本章では良弁僧正像(以下良弁像と略す)の像容の成立についてこれまで論じたものはほとんどないので、その像容がどのように出来ていったのか三つの視点から検討したい。

(一) 持物と手勢

まず本像の特徴は持物を執る手勢にある。現在、右手に木製の如意の柄を握っている。これまで図版によっては二通りの執り方がみられた(図6・7)。第一は右手で柄の端を持ち、左掌に掌部(爪部)をのせて如意を水平に執る形式で、第二は右手で柄を深く持ち、片手で斜めに執る形式である。本像がつくられて以後も両方の執り方が行われてきたことが遺例からわかる。鎌倉中期制作とみられている当寺所蔵の絹本著色四聖御影の良弁像(図8、図版は永和本)は右手に柄を深く執って斜めに持つ姿が描かれており、同じく当寺中性院には水平に執る画像がある[18]。これまで持物の執り方について検討が行われたことがなかったが持物の執り方は本像の意義を考える重要な視点であろう。

図7

図6

図8　四聖御影（永和本）部分　良弁僧正像

先述の通り、左手は掌を上に向け、第一・三指を相捻じて持物を摘まむような表現をしている。そのため如意の爪部を摘まみとるような形になる。爪部半ばを両指で摘まむと反対の柄の端がかろうじて右手第一・二指にかかるだけになり、右手から脱落のおそれが生じる。右手指の握り方をよく見ると右手全指を屈して持物を握るが、第一指は第二指の側面につけ、一般的な拳の握り方と異なる（図9）。右手第一指が第二指側面につけるのは第一指で柄を支えるためとも見られるが、現状の持物では短く、右手の中に収まることはない。持物が後補で、当初もっと長い如意であった可能性もあるが、右手指の中には斜めの空隙ができている。さらには第一指を側面につけることによって水平に持物を持たせることが不可能な握り方となっている。むしろ右手の中に如意を深くいれて斜めにすると自然

と斜めになり、もっとも安定する。良弁僧正の画像でも斜めに持物を執るもっとも古い作例である四聖御影も考慮に入れれば、造像当初は斜めであった可能性が高いとみるべきであろう。

ただし、水平に如意を執る形勢を軽視することはできない。この形式に関しては一考する必要がある。本像のように端坐して如意を水平にとる形勢はむしろ古代僧侶の肖像では一般的ともいえる。わが国古代僧侶像では唐招提寺鑑真和上像のように定印を結ぶものと法隆寺行信僧都像のように水平に如意をとる形式が存在する。定印を結ぶ形勢は園城寺智証大師像（寛平三年＝八九一頃）に踏襲されるが、如意を水平に執る像は平安時代までの作例では、行信像以外には法隆寺道詮律師像があり、現在では聖僧像とみられている岡寺義淵僧正像も同形式である。[19] 右手で如意の柄をつかみ、左手は如意の先端を支え持つ手勢は古代僧侶肖像にみられる定型ともいえる形式で、平安初期彫像とみられる東寺聖僧像も同じである。他にも京都月輪寺伝九条兼実像、法隆寺伝観勒僧正像や東大寺二月堂僧形像も同じ形勢である。すでに指摘されているようにこれらの僧侶像も当初から聖僧像を意識していた可能性が高い。

良弁像も同様な姿勢であり、しかも内衣の打合せを緩め、胸部中央を露わにして、鎖骨・肋骨をややみせているのも聖僧への意識がうかがえる（図10）。

なお、良弁像がもつ如意は良弁遺愛のものとされているが掌部（爪部）の彫りは浅いため厚くなっている。そのため実用性に欠けており、実際に用いられたとものとは考えにくい。[20] 正倉院宝物にみられる奈良時代の軽妙な如意とは造形的に異なっており、柄の末端を不整形に削っているのも本像掌中に入れて調整を行った痕跡とみ

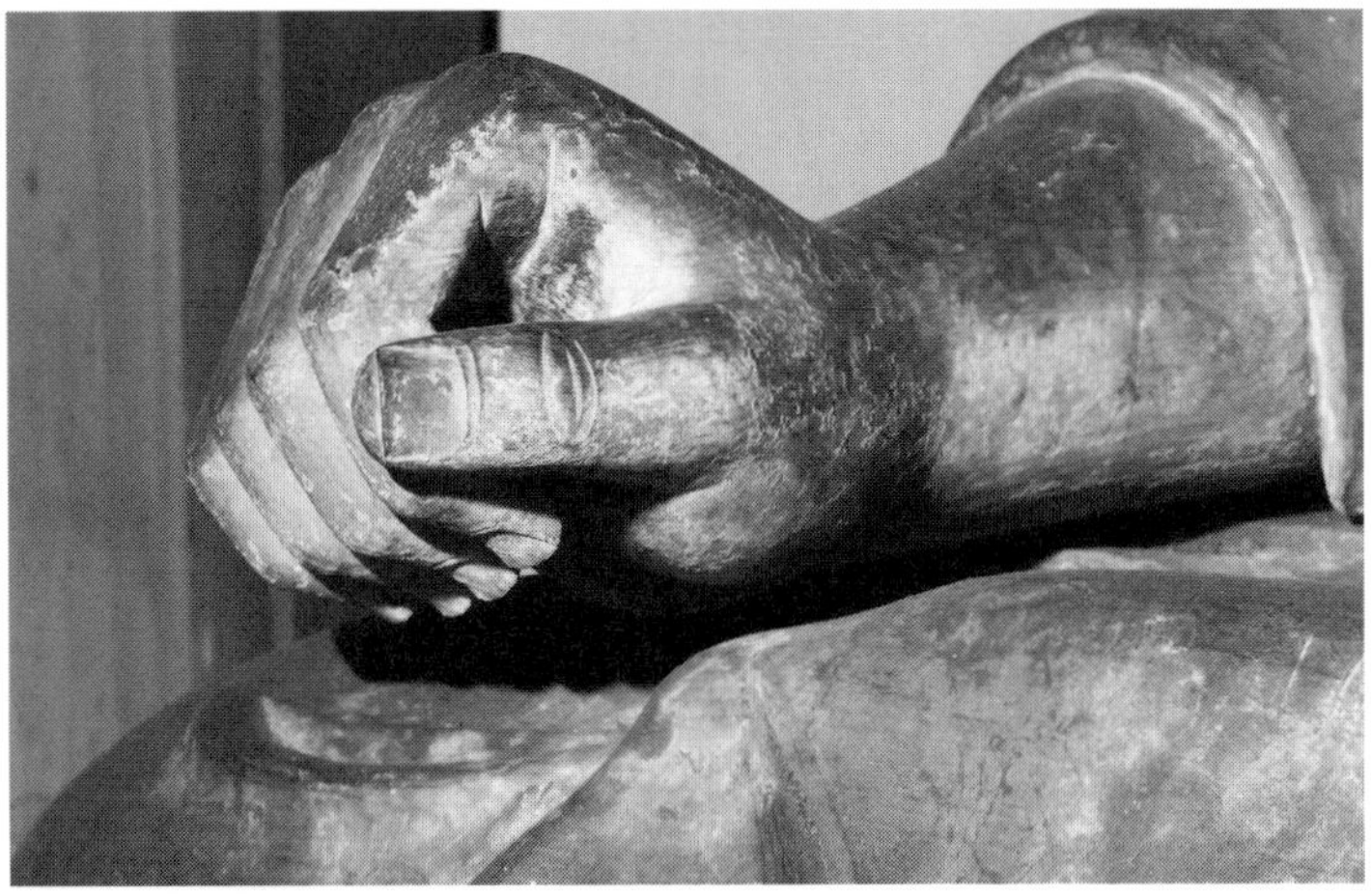

図9　良弁僧正像　右手

図10　同　胸部

なされ、巧みな造形で象のかたちや爪内側の鎬だつ彫り口から本像造像にあわせてつくられたものとみなされる。制作年代は平安時代で本像の造像時とされよう。

聖僧が如意をもつことについて、上原真人氏によれば如意は本来戒師の持物で、本像や法隆寺行信僧都像は聖僧として布薩の戒師を勤める姿を表現していると論じている[21]。良弁像についても聖僧かつ布薩における戒師として、諸僧の上座に位置する僧侶の象徴として本像が制作されたことは誤りないとみなされ、良弁像制作の基本には聖僧への意識があったと考えられる。

(二) 左手と観音化身説

奈良から平安時代にみられる聖僧像の如意の執り方が異なるものの、斜めに如意を持つことには理由があるものと考えられる。本節では如意を執らないもう一方の左手について検討し、本像成立について考察したい。先述の通り、左手第三指は半ばより先が後補に代わっている（図11）。このことが本像が聖僧としてだけではない良弁像の意義を語っていると想像される。

滋賀石山寺には良弁僧正の画像（図12・13）が伝わっている。本像は谷口耕生氏によれば室町時代十五世紀の作とされる[22]。右手の如意は斜めに持ち、さらに左手には蓮華を執っている。左手第一指を屈し第三・四指をやや屈し相捻じて蓮華の茎を摘まむように持つ。茎は手の先から下方に垂下し反転して上方に伸び、その先に蓮華がつく。いわばこの持物の形状は柄香炉のようでもある。あるいは蓮華型柄香炉であった可能性もあるかもしれない。なお、本画像の写しは滋賀西応院にも所蔵される。石山寺本にみる良弁僧正の姿はこれ以外知られていない。特殊な持物を執ることから独自に描かれたとみられるかもしれないが、石山寺像は左胸の袈裟の形状や両足部正面の衣文の畳み方など開山堂良弁像の形状をよく写している。もっとも古い四聖御影には左手持物はないので、開山堂良弁僧正像を室町時代に写して、持物を創作して描いたというより、石山寺か東大寺により古い画像が残っており、その写しとみるべきである。そしてその古い画像は良弁像の当初の姿を写したものという想定が考えられる。

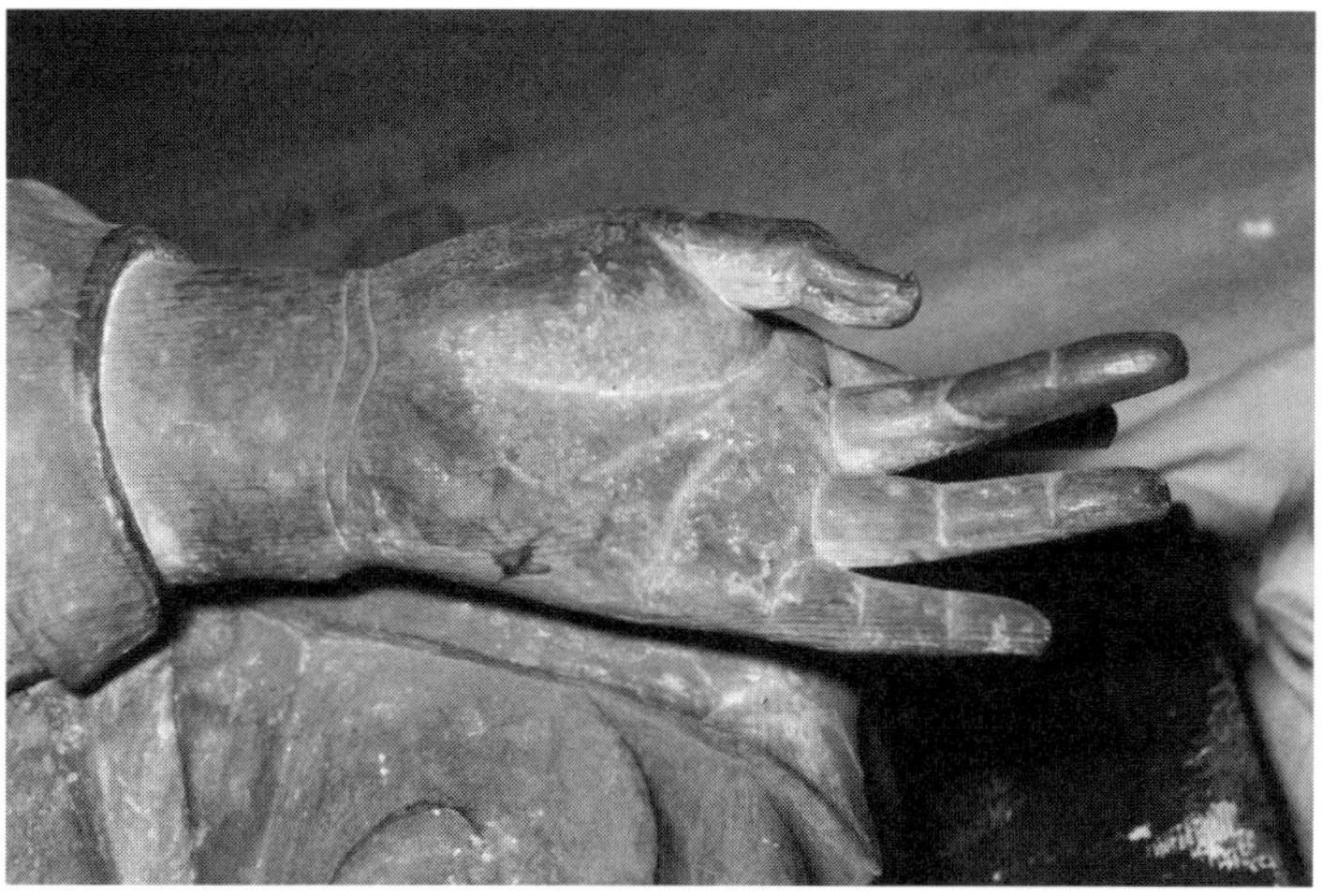
図11　良弁僧正像　左手

その理由は左手の保存状態にある。石山寺像の像容が開山堂良弁像の当初の姿を写したとみれば良弁像の左手第三指半ばから先が後

図12　石山寺本　良弁僧正像

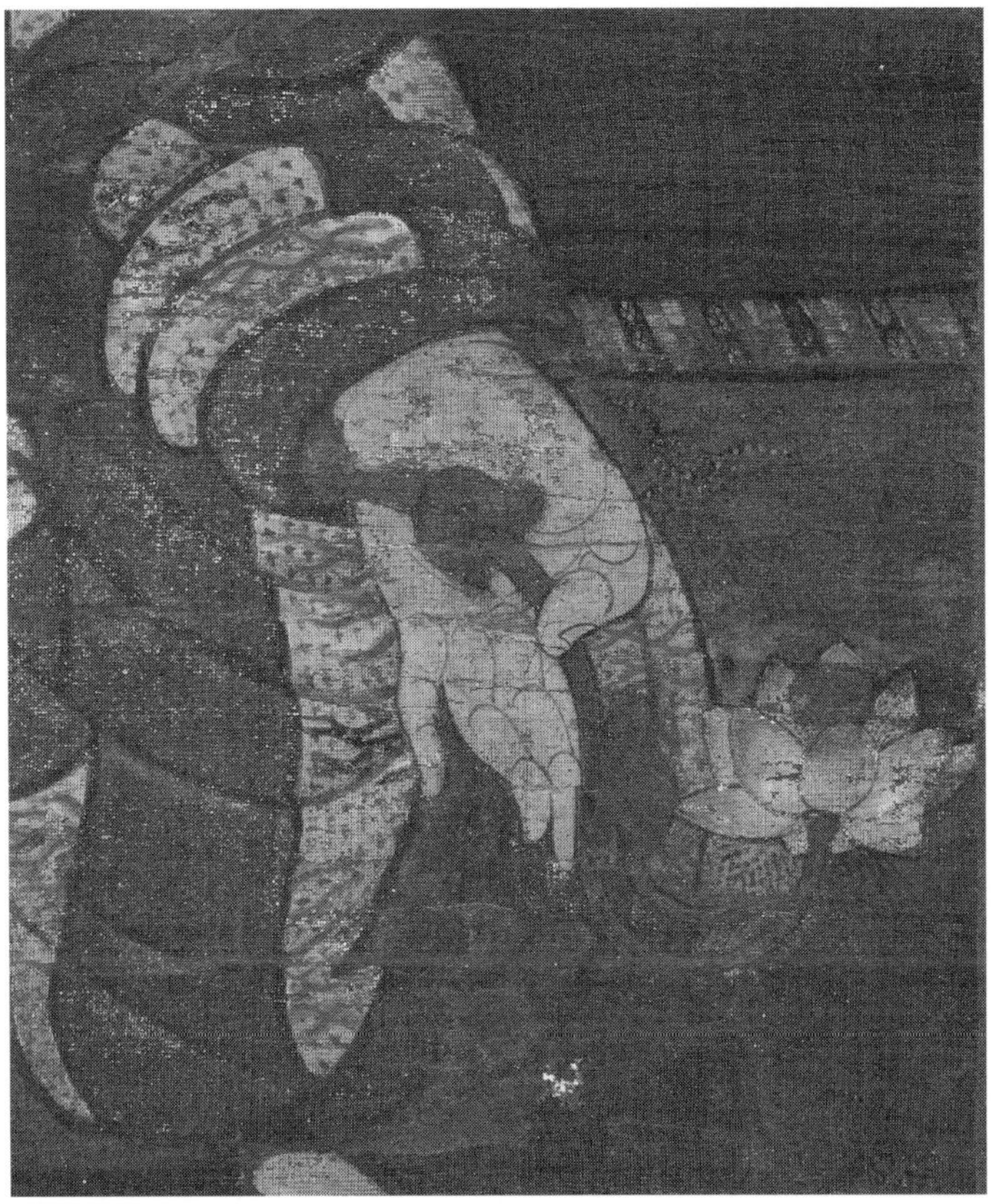

図13　同　左手部分

補になったことも理解できる。石山寺像にみる持物の蓮華の形状は柄香炉のような特殊な形状で、これを支持するためには左手には柄や柄孔などによって持物を固定する仕口で留める必要がある。なお、もし蓮華型香炉であれば金属製で重く指に負担がかかったはずである。ただ本像の指の形は香炉をもつ形とはいえず、その可能性は低いとみられ、木造の持物であったであろう。いずれにしても第三指にとくに負荷がかかり、指先に損傷が生じ、修理の末、半ばより先が後補となったと推測できる。蓮華も特異な形状のため、脱落しやすく、蓮華と茎が分離しやすかったものと想像される。鎌倉時代に四聖御影が描かれたときはすでに持物が取り外されたか、脱落・損傷していたのであろう。後述するが四聖御影成立時点では蓮華の持物は良弁像にあってはならないものとされたとも考えられる。

　良弁について、『東大寺要録』（十二世紀前半）巻一本願章「根本僧正　諱良弁」の項には「又相伝。良弁僧正弥勒菩薩之化身云々。見八嶋記云々。」とある。『八嶋記』については不明であるが、良弁が弥勒菩薩の化身との伝承をのせる。四聖御影に見える良弁像について修理銘にも「弥勒化現」と記され、平安後期以降、良弁は弥勒の化身とみなされていた。ただ弥勒菩薩と左手持物との関連は見いだせないため他の要因を考える必要がある。

　良弁の事績としては大仏建立に尽力したり、華厳別供をおこすなどさまざまな功績が知られているが、東大寺創立期以来の重要な法会である法華会（桜会）を初めて行ったことは古くから重要事績として記録されている。この法会の縁起は『東大寺要録』に載り、東大寺桜会縁起と称される。この「桜会縁起」には縁起表題として「東大寺桜会縁起　亦名法花会。根本僧正観音化身之由。見此縁

起」とあり、表題に良弁が観音化身であることを記している。縁起中には、法華経の文言が散見され、観音の化身としての賞賛が述べられている。となると『東大寺要録』には良弁に関して二仏の化身説が並存していることになる。この箇所は『東大寺要録』編纂時に付け加えられた可能性もあるが、『東大寺要録』巻一「根本僧正」に掲載される「法華会縁起」の書きぶりからも[23]『東大寺要録』編纂以前から表題として表されていたと見るべきであろう。

すでに指摘されているようにこの縁起文は承和の年に勤修された法会の表白文である。[24]ここでは天平十八年（七四六）に法華会が不空羂索観音像の前で始修されたことを謳う縁起に勧請・廻向の唱句が付き、作法の次第が記される。法華会始修以来承和十三年（八四六）に百年を経て行っていると述べている。そこでは法会の大施主は故僧正、つまり良弁であると述べ、法会を行う堂宇の建立と本尊不空羂索観音像の安置を行った良弁に対して「観音之徳、施主之福」と讃え、縁起末には「観音正聖、応現証誠、施主上綱、自他利行」と観音の応現と良弁の自他利行が述べられる。良弁在世中に良弁が仏教者としてどのようにとらえられていたかはわからないが、没後から承和十三年以前には法華会の施主良弁が観音の化身とみなされていたことは確実であろう。

法華堂諸像にかかる造像や石山寺本尊像の制作を勘案すれば良弁僧正を観音の化身とみなすのは当然のことといえる。良弁像の左手持物はこの縁起に呼応するように観音の化身であることを表したものと考えられる。

さらに形状で確認したように良弁像の耳は耳朶を深く彫り込み、あたかも仏菩薩であるかのように環状に見立てた形状にしているのも観音の化身であること暗示する造形上の意図であろう（図3）。

なお、本節はじめに述べたように『東大寺要録』や四聖御影（建長八年＝一二五六）には良弁の弥勒化身説が掲示されている。法華堂伝来の東大寺木造弥勒仏坐像（九世紀）は良弁念持仏と伝えられるように、編纂時には良弁弥勒化身説が一般化していたとみられる。『東大寺要録』の他の箇所やその他の文献史料において良弁観音化身説を記すものはない。

こうした背景には聖武天皇観音化身説が発生、重要視されたことが考えられる。平安中期から後期にかけて聖徳太子信仰の広がりとともに聖武天皇が聖徳太子の後身とみなされ、そこから聖武天皇が救世観音の化身という位置づけが生じたと考えられる。聖武天皇が聖徳太子の後身であるという説がいつ頃発生したのかは寡聞にして明らかにできないが、『東大寺要録』巻二縁起章に『聖徳太子伝暦』の一節を引いたあとに「私云。彼聖徳太子者。救世観音変身。思禅師念比丘之後身也。聖武天皇者。聖徳太子之後身。救世観音之垂跡也。」と記す。聖徳太子が救世観音化身であることを記すのは『聖徳太子伝暦』（十世紀頃）にはじまるとされる。久野修義氏は建仁元年（一二〇一）四月の「東大寺僧綱大法師等解案」[25]の中で聖武天皇が救世観音の化身である旨が強調されており、この頃聖武天皇観音化身観が登場してまだ日が浅いのではないかと推測している。[26]

なお、寛弘三年（一〇〇六）十月十一日付けの「紀伊国金剛峯寺解案」[27]には「第卅五主勝宝感神聖武天皇救世観音化身也行基大菩薩文殊師利菩薩化身三人聖者造東大寺、顕教盛興也」とある。ここでは聖武天皇は釈迦の化身となっているので、十一世紀以降『東大寺要録』編纂までの間に聖武天皇救世観音化身

説が生まれ、観音化身が重複することから良弁については弥勒の化身という位置づけになったと考えられる。東大寺四聖の成立時期については明らかとなっていないが、松本信道氏によれば良弁弥勒化身説、聖武天皇救世観音化身説は『東大寺要録』において成立したと想定している。[28] 久野修義氏は『建久御巡礼記』（建久二年＝一一九一）に四聖と各化身が説かれているので十二世紀最末期に成立したと論じている。なお、藤巻和宏氏によれば四聖とその化身説の成立は東大寺において華厳と融合した真言教理に拠っているという。[29] こうした経緯から四聖御影が描かれたときには良弁観音化身説は忘れられてしまったのであろう。

ある時期に良弁像左手第三指が経年の劣化等によって損傷し、しかも特殊な形状の蓮華は脱落、あるいは毀損し、先述のような状況からそのまま補われなくなった可能性が高い。その背景には聖武天皇が観音の化身となったため補うことが憚られたか、良弁観音化身説が考慮されなくなったためであろう。或いは持物が撤去され、左手第三指には何もない状態にされた可能性もあるかもしれない。

前項では手勢から聖僧としての意味を良弁像に持たせていたと想定したが、聖僧の像容のままであれば良弁像としての特徴がみられない。もう一方の手に別の持物を持たせたのは制作当時の良弁僧正の位置づけ、期待の表れとみなされる。制作当時における位置づけから伝承をもとに聖僧でもあり、観音の化身でもあるという二身の位置づけを表現したと考えられるのである。

(三) 逞しい体軀

ここでは良弁像の体軀について検討したい。先述(一)のように聖僧が良弁像制作の参考とされたと考えられるものの、聖僧であれば老相、胡相で表す必要があるが本像はそのようになっていない。わが国古代肖像彫刻は遺例が少ないものの、円珍像以外老相で表されることが多い。智証大師像は本人の像容をよく写したものであろう。没後隔たった良弁像制作に当たっては他の僧侶像とは異なる面貌や肉身表現などの工夫がなされたと考えられ、良弁の特徴として認識、想像されていた事柄があるとみられる。

それを解明するには平安時代に良弁がどのようにとらえられていたのか把握する必要がある。『東大寺要録』には良弁の容姿については何ら記されていない。しかし良弁のイメージ形成については良弁が金鷲行者（金鷲菩薩）であったという伝承が大きく関わっていたとみられる。『東大寺要録』本願章「根本僧正」の項には耆老の相伝として左記の記事を載せる。

根本僧正昔嬰兒之時。於坂東為鷲鳥被取未知行方。依之父母大歎流。浪諸国。而件兒被落山城国多賀辺。彼郷人取之養育。漸以成長。即根本僧正是也。

これによると良弁が幼少の時に鷲にさらわれて山城国多賀の辺りに落とされ、この郷の人に養育されたという。鷲にさらわれる嬰児の説話は良弁に限ったものではない。『日本霊異記』（平安初期、延暦六年＝七八七頃）上巻にある「嬰児鷲に擒られて他国に父に逢うこと得る縁」は、皇極天皇二年（六四三）三月頃七美郡但島国の山里の女の嬰児が鷲にさらわれる説話で、この類いの説話としてはもっとも古く、他にも類型説話がみられるという。[30] ただ福山敏男氏は「桜会縁起」に「僧正院下（中略）幼離九属親愛、練行禅林」とあるのはこの説話がつくられた頃にはこの鷲の物語が知られていたこ

とを示すもののようであると指摘している[31]。同縁起には鷲に関する語句が見られないものの、当時知られていた良弁伝には嬰児のときに鷲に連れ去られたとの伝承が東大寺内で伝えられていた可能性は高いのではないか。

さらにこの本願章には「義淵僧正弟子。金鷲菩薩是也」とあり、良弁は金鷲菩薩であると記される。すでに指摘されているように金鷲菩薩は金鷲優婆塞、金鷲行者とも称されることもあり、同一人とされる。しかも『東大寺要録』では良弁と同一視されて記述されている。ただ金鷲菩薩がもとから良弁と同一であったかは後述するようにこれまで疑問視する見解もある。

『東大寺要録』にも収載されている『日本霊異記』中巻廿一には金鷲優婆塞と執金剛神像の奇瑞譚として著名な左記の説話が関連する。

攝神王蹲放光示奇表得現報廿一

諾楽京東山、有一寺、號曰金鷲。金鷲優婆塞、住斯山寺。故以為字。今成東大寺。未造大寺時、聖武天皇御世、金鷲行者、常住修道、其山寺居一執金剛神摂像矣、行者神王、蹲繫縄引之願、昼夜不憩、時従蹲放光、至于皇殿、天皇驚怪、遣使看之、勅信尋光至寺、見有一優婆塞、引於繫彼神蹲之縄、礼仏悔過、信視蹲還、以状奏之、召行者詔、欲求何事、答曰、欲出家修学仏法、勅許得度、金鷲為名、誉彼行、供四事無乏、時世之人美讃其行、称金鷲菩薩矣、彼放光之執金剛神像、今東大寺於羂索堂北戸而立也、賛曰、善哉金鷲行者、信燧攢東春、熟火炬西秋、蹲光扶感火、人皇慎驗瑞、誠知、願無不得者、其斯謂矣、

『日本霊異記』（弘仁十三年＝八二二頃、或いはそれ以降）では東大寺前身の山寺で金鷲優婆塞（金鷲行者）が執金剛神像に昼夜修道して、奇瑞を発しのちに金鷲菩薩と称されるようになったことが記され、さらには東大寺の創立とも関連するかのように語られる。この『日本霊異記』成立時点では良弁と金鷲行者を同一人物として記述していない[32]。このことから久野健氏は良弁と金鷲行者は別人で、平安中期に両者の混同が起こったと推測している[33]。松本信道氏も本来別人で無関係であったと指摘している[34]

『東大寺要録』では良弁が草庵に執金剛神像を安置し、聖朝安穏等を祈念していたのが天朝まで達して、良弁に大伽藍をつくることを命じるという経緯がこれに加わっている。『七大寺巡礼私記』（保延六年＝一一四〇）にも「一、依金鷲行者教天王建東大寺事」として金鷲行者が東大寺を建立する経緯を載せる。福山敏男氏は、『日本霊異記』の記述、つまり東大寺の前身として金鷲寺が存在して、ここで祈願する行者がのちに得度を許されて、金鷲の名を与えられ、金鷲菩薩とときの人が呼んだと記述するのは作者がすべてを構作したと思えないと指摘し、既に奈良末または平安初期から奈良の地で伝承されていたものと推測している[35]。森田悌氏も金鷲を良弁とする『東大寺要録』の文章を否定する必要はなく、金鷲・金鐘が説話化された良弁であることが確実と述べている[36]。奈良末平安初期の文献史料は少なく、この想定を証するものはないが、少なくとも『東大寺要録』成立時には良弁が金鷲菩薩と尊称されていた。

論証が難しいもののこの想定は首肯されるべきと考えられる。松倉文比古氏は「八世紀末（良弁没後）より九世紀前半（桜会縁起成立）の時期を、良弁伝の一部を構成する鷲にまつわる説話の成立時期」と推測している[37]。

奈良末以降、良弁の特異性、神聖性、あるいは創立者として喧伝するために鷲にさらわれる嬰児という特異な説話に伴って金鐘寺創建説話が成立し、良弁＝金鷲菩薩という伝承が生まれるのはごく自然なことであろう。福山氏によれば『日本霊異記』のあとにつくられた良弁伝では東大寺創立に関係の深かった良弁と、伝説上の東大寺の創立者たる金鷲行者が同一視されと推測し、「金鷲菩薩（金鐘が呉音の類似から金鷲と書かれたために）という名称から、良弁が幼時鷲にさらわれたとする話も考え出されたもの」と指摘している。『日本霊異記』の内容はほぼ良弁と記述せずとも良弁のこと、金鷲＝良弁と考えざるを得ないほどの内容で、あるいは当時良弁と記述せずとも金鷲行者は良弁のことであると認識されていたと考えるべきではないかと考えられる。東大寺前身たる金鐘寺を伝説化し、その僧侶、創始者ともみなされる人物を呉音の共通から金鷲優婆塞を創出し、実在の僧侶をこの優婆塞に仮託した可能性は高いとみるべきである。そのため、良弁とこの説話の合成は『日本霊異記』成立後ほどなく成立したと見ることも可能であろう。

良弁伝には天皇との前世物語や童行者のときに大櫟の下に草庵を結んでいたという伝承から根本椙、杉のもとに育ったという伝承に広がっていった。『東大寺要録』の耆老の相伝には鷲にさらわれた後、山城国多賀辺に落とされ、この郷の人が引き取り養育したと記される。そこからさらに『元亨釈書』（元亨二年＝一三二二）では良弁は鷲に育てられたという伝承にいたる。鷲に育てられる説話も良弁固有ではなく、他にも散見される。『日本霊異記』では鷲に育てられたという伝承が述べられていないのでここでは強く主張しないが、良弁にも鷲の育て児の伝承が付随していった可能性もある。

良弁伝の生成、あるいは良弁像を制作するときにその像容をつくりあげるとき、伝説の東大寺創立者、金鷲菩薩（金鷲行者、金鷲優婆塞）の伝承を参考にしないわけはないであろう。行者としてのイメージは老相というよりもやはり壮年の僧侶がふさわしいとみなされたのではないかと考えられる。憶測になるが、鷲の名称をもつ人物であればその像容は本像にみられる鋭く、逞しい姿になるのがもっとふさわしいと納得できるのではないか。上瞼をやや下げながら瞳を大きくあらわす表現が鋭い表情となっており、鷲鼻とも言える太い鼻[38]、これも鷲を冠する行者にふさわしい顔貌表現である。両肩から胸部の隆起した造形、太い両足部も鷲をヒントに良弁像をつくりあげるときの像容の参考にしたと考えてもあながち誤りとはいえないであろう。現状、良弁像の典拠になったものはなく、像容の成立に当たっては当時知られていた伝承、説話がもとになったと提案したい。あるいは伝承にふさわしい像容を造り出したともいえる。耳朶を深く窪ませるのも「菩薩」を称される人物をつくるのに当然の表現である。

想像をたくましくしてやや強引なところもあるかと思われるが現状良弁の逞しい体軀の意味についてはこのように想定できよう。

四　制作時期

前章を受けて本像の制作年代について言及したい。本像の制作年代について現在では平安時代ということで異論はなかろう。しかし平安時代のいつにするか左記のように大きく三つの説に集約される。

①九世紀後半：寛平年間（八八九～八九八）頃に良弁忌日にあわ

せて法華会が権修されるようになり、良弁追福として肖像を制作。

②十世紀：百五十回忌（延長元年＝九二三）頃に制作。

③十一世紀：寛仁三年（一〇一九）僧正堂における初めての遠忌に合わせて制作。

先述のように浅井和春氏は寛平年間（八八九〜八九八）と考えられている薬師寺僧形八幡神像に近いと指摘し、松島健氏は園城寺智証大師像（御骨大師、八九一年頃）に様式の近似を求め、伊東史朗氏も松島氏に同意し、貞観十四年（八七二）の良弁百回忌を制作の契機として提案した。こうした彫刻史研究者の見解は九世紀後半ということで一致している。

しかし類例にあげられる園城寺智証大師像（寛平三年＝八九一頃）は衣文に翻波式衣文が一部表されるが鋭さに欠け、総じてなだらかな衣文表現に近い。良弁像の衣文は、たとえば両袖の衣文線にみられる翻波式衣文の大波、小波の刀の鋭い彫り口は九世紀後半に降るものではない。しかも正面両足部の衣文（図14）や背面袈裟に見られる茶杓形の衣文線の彫りも深く表されており、九世紀前半の東寺講堂諸像や奈良国立博物館薬師如来坐像に近い表現といえる。

ただ本像の様式についてはおだやかな造形と言及されることが多い。しかし本像が九世紀前半の僧形像、たとえば箱根神社万巻上人像のような煩瑣で装飾的衣文線を表さないのは、仏像、神像とは異なり、唐招提寺鑑真和上像や行信僧都像以降、わが国における僧侶

図14　良弁僧正像　両足部

図15　同　正面左胸部

図16　同　両足部　左足部

像の肖像にみられる基本形式であると考えられる。本像は、目立たないものの内衣や袈裟の襟の衣縁は鋭く鎬だっており、制作年代を示す特徴である。また、根立研介氏の指摘の通り左胸の袈裟の翻りなどの衣端の処理（図15）には新薬師寺薬師如来像を想起させるところがあり、両足部正面の左右に見られる衣文の粘りある衣文の折り畳み（図16）は室生寺十一面観音像や東大寺弥勒仏像に近いといえよう。

奥健夫氏の古代彫像にみられる坐法の変化に関する考察も参考になる[39]。奥氏は、左足を上にして半跏趺坐する坐法は中国成立のもので、道昭が伝えた坐禅法に関連すると指摘している。さらに日本において八世紀までの作例は大部分の像が左足上の坐法をとるが、九世紀に入ると一転して右足上（吉祥坐）の像が主流になるという。その原因は密教における坐法で、空海が恵果から伝授され、真言僧の中では右足上の坐禅が行われていたと想定、智証大師像（御骨大師）も右足上であることから密教によって新たにもたらされたものと論じた。本像の場合も奈良時代にみられる左足上の坐法が用いられていることから九世紀もできるだけ古くすべきで後半に置くことはできないのではないか。

構造の上でも古様と言えるのは伊東史朗氏が指摘している通りで[40]、伊東氏が指摘する内刳を施さないことや長い鉄釘を打ち込んで各部材を接合する方法、釘頭を方形の埋木で隠す仕口は平安前期のような豪放な構造といえる。付け加えるなら、左右の体側材は大きさが異なり、主材をできるだけ活かして体側は残りを補うように材を寄せている。さらに両手首先を差し込み矧ぎとはせず、両足部上の前膊部と共木で彫出するのも古様な技法といえよう。

なお、制作の画期としては没後を含めてこれまで先述の①から③にみられるような回忌に合わせての制作が考えられてきた。しかし前章で考察したように回忌を考慮する必要はなく、良弁追福の儀礼が整った時期、桜会縁起による法華会の本尊、しかも表白の年紀である承和十三年（八四六）は本像制作の機縁、あるいはこの時にあわせての造像と考えても違和感ないものいえるのではなかろうか。従って本稿では九世紀半ばを本像の制作年代として提案したい。

五　当初の安置堂宇とその後

『東大寺要録』巻四諸院章によれば僧正堂ではじめて御忌日法要が行われたのは寛仁三年（一〇一九）十月十六日である。巻五にもほぼ同内容を載せる。

・『東大寺要録』巻四諸院章

一、僧正堂　根本僧正御影堂

寛仁三年十一月十六日。始行御忌日。勧進有慶大僧都

・『東大寺要録』巻五別当章

第五十九

大僧都深覚　長和五年五月任。依大衆申請任之。清寿死替

寺務五年　同五、寛仁元、二、三、四

同三年十一月十六日。始行僧正堂御忌日。勧進有慶。

俗別当左中弁源経頼　寛仁四年十二月十三日符

左大臣　同年同日符

これまで僧正堂の成立、ならびに本像の制作年代も本史料に依拠してきた。しかしながらこれはあくまで僧正堂における忌日法会の

始修を記しているだけで、本尊像の安置・制作について言及していない。僧正堂の創建もこれ以前の可能性はある。ただこれ以前に堂をつくって何もしなかったことは考えにくいから、ここで記述されるはじめての忌日法要は堂の創建を意味していると考えるのが自然である。当然良弁像がこのときには現存したことは明らかである。いっぽう本像の造像は先述のようにさらにさかのぼるべきであるので寛仁三年（一〇一九）以前の安置場所を検討する必要がある。

　先述のとおり、本像の制作の機縁については桜会縁起に記される承和十三年（八四六）が目安となる。本縁起の趣旨は良弁僧正の追福、顕彰であることも先述の通りである。桜会縁起によれば法華会は天平十八年（七四六）に始修され、そのときは不空羂索観音像の前で行われたとある。つまり法華会の会場は法華堂（羂索堂）である。これまで本像の制作年代を寛仁三年より古いと考えてもその安置場所について検討されることはなかったが桜会縁起を良弁追福を強調する法会の表白であるとするなら、その本尊は良弁像とみるべきで、さすれば安置場所は法華会が行われていた法華堂（羂索堂）を想定するのが自然であろう。

　追福に際しての表白であればもともとの本尊（不空羂索観音像）からより趣旨にふさわしい像の制作が期待されたと考えられる。本像制作の機縁となるのは法華会の性格が良弁追福の様相が強くなり、表白が整えられ、その本尊が不空羂索観音像から、よりふさわしい良弁本人の造像が臨まれて制作されたとみるべきである。なお法華会の本尊は基本的に不空羂索観音像であるので、良弁像には観音の側面を付与させるという工夫が考え出されたのかもしれない。観音化身説の誕生は造像と一体であった可能性もある。

　なお、堂内においてどこに安置されたのか、確実なことは言えないものの、須弥壇中央不空羂索観音像の前がもっともふさわしいであろう。しかし、脇に置かれていても眼光鋭い威圧するかのような像容は法会に臨んだ参列者に緊張感を大いに与え、梵天帝釈天、二王、四天王像ら長大な尊像群の谷間に存在することがかえって違和感と異様さを与えた可能性もある。

　山岸常人氏が指摘しているように「寛平年中日記」では法華会は十二月に行われたと記されており、良弁忌日（十二月十六日）に法会の実施日が変わっている。僧正堂の建立と良弁忌の始修以後、法華会は長暦二年（一〇三八）に第六十四代別当深観によって講堂に移され[41]、法会の規模も拡大した。

　僧正堂が寛仁三年（一〇一九）十一月に建立されたので、良弁僧正像もこのときに法華堂から移座したと考えられる。ただ山岸氏によれば法華堂でも院家もしくは堂衆の主催する法華会が存在していた。

　なお、すでに考察されてきているが創建当初の僧正堂は現在地とは異なる。『東大寺続要録』供養篇には左記のようにある。

　僧正堂事

右定親、別当法印、於竈神殿辰巳岡上、被移造良弁僧正影堂了、
即建長二年十一月十六日、被展供養了、
　導師法印権大僧都宗性
　請僧四十余口
　別当着座、鈍色五帖

竈神殿の位置が現状不明であるが、『中右記』承徳二年（一〇九八）十月十四日条には左記のように大仏殿の東にあるので現在地と

さほど隔たらない位置、当初の安置が法華堂であれば法華堂の近隣、上院地区にあったと考えられる。

十四日、天晴、早旦密々参詣東大寺、開大仏殿奉見、次其東参僧正堂、奉見良弁僧正御影像、件僧正者、是華厳宗祖師、依此僧正申請、聖武天皇建立東大寺也、其次謁権律師行政幷定暹得業、定暹者故遠江守実定子、伝花厳末学、居住東大寺之人也、

なお、現在の開山堂は重源の建立とみなされている。(42)『南無阿弥陀仏作善集』には左記のように修復堂宇のひとつとして記載されている。

一　奉修復

法花堂　唐禅院堂　丈六三躰二天　僧正堂
御影堂　東南院薬師堂

修復とは不審であるが、当初場所から移っていないと想定すればこの修復は現地での改築と解することも可能であろう。良弁像の保存状態の良さも考慮すると移動は少なく、何度も移動するようなことはなかったと考えられる。

最後に、現在の八角厨子は金具の様子からみてこのときの制作とみなされ、畳座も同時期と解したい。当初から厨子入りであったとは考えにくく、重源が新たに新調したとみなされる(43)(図17)。

図17　開山堂内厨子　良弁僧正像　安置状況

むすびに

以上、開山堂良弁僧正像について、像の造形および保存状態と良弁にまつわる伝承、説話をもとに左記のことが新たに言えるのではないかと考察した。

造形の基本形には聖僧としての意識があった。しかし良弁像を特徴づける特徴として金鷲行者（金鷲優婆塞）として伝承されていたこと、さらには桜会縁起にみる観音の化身との伝承から観音の化身である標幟を左手持物で表し、聖僧とは異なる逞しい体軀で造形を行った。造像目的は法華会が良弁追福の法会になり、本尊像としての必要性が生じたことによる。表白文が承和十三年（八四六）の紀年であることから制作年代もこの時か、さほど隔たらない時期とみなせ、作風、構造の点からも矛盾はない。当初の安置堂宇は法華会が行われていた羂索堂（法華堂）がふさわしく、その後は僧正堂が建立されるまで法華堂に祀られていたと考えられる。

本像のように没後から隔たって新たに造像された肖像彫刻では本人の姿を記録したものは存在しなかったであろう。しかも良弁伝は『続日本紀』にはなく、『東大寺要録』本願章に掲載する良弁伝が東大寺が伝える良弁伝の基本情報だった可能性が高い。没後、東大寺創立の伝承、説話の生成とともに良弁も伝説的人物として描かれるようになったのであろう。伝承、説話による影像の成立という観点からも本像の意義は高いといえる。肖像彫刻にはこうした伝承、あるいは実際の逸話をもとに形づくられることがままあるのではないか。多かれ少なかれ祖師像には伝承や特異性を付与されることがある。こうした視点から肖像彫刻の成立を改めて考えることも意義があるといえる。

なお、本像の制作者については伊東史朗氏が、造東大寺所が行ったと論じている。(44)本稿で想定する承和期に東大寺では承和五年(八三八)に大仏殿の多聞天像の修理が行われている。六月八日より五十日間、寺家長上従八位上神氏勝、助工鴨道往、三嶋首麻呂等六人が凡工廿余人を率いて行った。(45)本像の造像も彼ら造東大寺所の工人によると考えられるが、南都における平安前期木彫像は不明な点が多く、他の像ともあわせて稿を改めて考察したい。

(かわせ　よしてる・早稲田大学)

謝辞

良弁僧正像の調査については東大寺当局ならびにGBS関係者様、東大寺史研究所坂東俊彦氏、東大寺ミュージアム永井洋之氏、久永昂央氏に多大な御協力、御示教を賜った。また図版については文化庁文化財第一課彫刻部門、奈良国立博物館谷口耕生氏、山口隆介氏、石山寺当局、大津市歴史博物館寺島典人氏のご高配をいただいた。武蔵野美術大学奥健夫氏には種々ご教示いただいた。記して御礼申し上げたい。

註

(1)　実査は一九九九年ドイツケルン市東洋美術館「東大寺展」における集荷時と二〇二二年十月四日に行った。

(2)　持物に関しては他に厨子内に杖が立てかけられている。制作年代も判然とせず、本像が持つ持物ではないので考察の範囲外とした。

(3)　良弁像のものをはじめ、如意については左記の論考を参照した。
　上原真人「如意を持つ僧」(『東大寺の新研究1　東大寺の美術と考古』法藏館、二〇一六年)、同『大安寺歴史講座4　奈良時代の大安寺―資財帳の考古学的探求』(東方出版、二〇二一年)。

(4)　『奈良六大寺大観』では一位とするが樹種に関しては不明。

(5)　金子典正「良弁僧正像」(大橋一章、齋藤理恵子編『東大寺―美術史研究のあゆみ―』里文出版、二〇〇三年)。

(6)　村山旬吾編『日本美術名作集』第六輯(國華社、一九二三年)。

(7)　田澤坦、大岡實『図説日本美術史』(岩波書店、一九三三年)。

(8)　文部省編『日本国宝全集』三三(日本国宝全集刊行会、一九二八年)。

(9)　小林剛『肖像彫刻』(一九六九年、吉川弘文館)。

(10)　井上正「良弁僧正坐像　開山堂所在」(『奈良六大寺大観　第十巻　東大寺二』岩波書店、一九六八年)。

(11)　上原昭一「良弁僧正坐像と弥勒仏坐像―東大寺の平安時代彫刻―」(上司海雲編『東大寺』毎日新聞社、一九七二年)。

(12)　浅井和春「良弁僧正像」(『日本古寺美術全集第四巻　東大寺と新薬師寺・法華寺』集英社、一九八〇年)。

(13)　松島健「良弁僧正坐像」(『週刊朝日百科日本の国宝五三　東大寺』朝日新聞社、一九九八年)。

(14)　伊東史朗「平安時代東大寺の造仏機構と工人・仏師」(朝日新聞社、東武美術館編『東大寺の至宝』朝日新聞社、一九九九年)。のちに同『平安時代彫刻史の研究』名古屋大学出版会、二〇〇九年に所収。

(15)　根立研介「東大寺良弁像をめぐって」(『日本中世肖像彫刻史研究』中央公論美術出版、二〇二二年)。

(16)　その他の法量(単位センチメートル)

本体　頂—顎二六・八　面奥二二・五　耳張二六・八　胸奥（左）二七・七　腹奥（中央）三三・四　肘張五九・四　膝奥七五・六　膝高（左）一五・一　同（右）一八・三　坐奥五〇・八

畳座　高六・四　同幅八〇・七　同奥七二・一

如意　全長五二・二　爪部最大横幅七・四　同長二四・八　同付根幅二・五　爪部立上り五・〇　柄長二八・〇　柄幅（下端）一・五

(17)　伊東史朗前掲註(14)論文。

(18)　良弁僧正像の類例には左記がある。

・画像

①四聖御影（建長本）：東大寺所蔵、鎌倉時代（建長八年＝一二五六）
（永和本）：東大寺所蔵、南北朝時代（永和三年＝一三七七）

②良弁僧正像：石山寺所蔵、南北朝時代（十四世紀）あるいは室町時代（十五世紀）

③良弁僧正像：中性院所蔵、室町時代（十五世紀）

④良弁僧正像：東大寺所蔵、江戸時代（元禄十三年＝一七〇〇か）

⑤良弁僧正像：西応寺所蔵、江戸時代（十八世紀）

・彫刻

①良弁僧正坐像：金勝寺所蔵、桃山時代（十六世紀）

(19)　『東大寺要録』巻五別当章には良弁について「義淵僧正資」と注が付される。岡寺義淵僧正像が義淵僧正と称されたのは寡聞にして知らないがあるいは当該像が直接の参考になったのかもしれない。

(20)　東大寺ミュージアム永井洋之氏の御示教による。

(21)　上原真人前掲註(3)論文。

(22)　『観音のみてら　石山寺』（奈良国立博物館、二〇〇二年）図版解説。

(23)　「法花会縁起見観音化身之由」

法華会縁起云。敬惟僧正院下。仏法棟梁。釈門梱枢。幼離九属親愛。練行禅林。長交六和尊衆。研尋恵業。徳声秀当時。特任伽藍別当。欲三徳譲前後。専為寺家統領。側聞操行作業。内修六度四摂。希願妙覚無暇。外随四時八節。住持伽藍忘労。供衆僧之礼。全如孝二親。給浄人之晨斉。如一子心無愛憎也。事有親疎哉。所以六宗三学之士。満寺余僧房。五穀八珍之貯。溢蔵残庄家。見聞之道俗倶陳随喜。往還老少同讃大能。挙国齢年此寺豊饒。諸家借求此寺許散。以非時緩急唯人徳耳〈已上〉

承和十三年

(24)　桜会縁起、法華会縁起については左記の論考を参照した。

・山岸常人「東大寺桜会縁起・法華会縁起再考」（『日本建築学会大会学術講演梗概集』一九八四年）のちに増補して「東大寺法華堂と法華会」（同『中世寺院社会と仏堂』塙書房、一九九〇年）に所収。

・辻憲男「東大寺桜会縁起を読む」（『親和國文』三三、一九九八年）。

・川村知行「法華堂根本曼陀羅と東大寺法華会」（町田甲一先生古稀記念会編『論叢仏教美術史』吉川弘文館、一九八六年）。

(25)　『大日本古文書　東大寺文書』三—六八七、九—八四六。

(26)　久野修義「中世東大寺と聖武天皇」（『仏教史研究』三四—一、一九九一年）のちに同『日本中世の寺院と社会』（塙書房、一九九九年）に所収。

(27)　竹内理三編『平安遺文　古文書編』二、文書番号四四六（東京堂出版、一九六四年）

(28)　松本信道「『東大寺要録』良弁伝について」（『駒澤史学』二九、一九八二年）

(29)　藤巻和宏「東大寺四聖本地説の成立」（『伝承文学研究』五四、二〇〇四年）

東大寺四聖説の成立については他に左記を参照した。

小島裕子「説話の創造—淵源としての東アジア、東大寺草創「四聖」観の生成過程」（説話文学会編『説話文学研究の最前線　説話文学会55周年記念・北京特別大会の記録』文学通信、二〇二〇年）

(30)　大久間喜一郎、乾克己編『上代説話事典』（雄山閣、二〇二一年）。

良弁の霊験譚については左記を参照した。

藤巻和宏「行基・良弁をめぐる霊験譚と東大寺・長谷寺縁起」（『アジア遊学一一五　特集縁起の東西　聖人・奇跡・巡礼』勉誠出版、二〇〇八年）。

(31)　福山敏男「東大寺法華堂に関する問題」（『東洋美術』二三、一九三六年）。のちに「東大寺法華堂の建立」と改題し、同『寺院建築の研究』中（中央公論美術出版、一九八二年）に所収。

(32)　松本信道前掲註(28)論文

(33)　久野健「三月堂執金剛神像」（『美術研究』一五二、一九四九年）

(34)　松本信道前掲註(28)論文。

他にも横田健一氏も同一人物であることに疑問を呈している。

横田健一「金鐘寺と金粛菩薩」（橿原考古学研究所編『橿原考古学研

究所論集　創立三十五周年記念』吉川弘文館、一九七五年）。
(35) 福山敏男前掲註(31)論文の注九。
(36) 森田悌「紫香楽と良弁」(『続日本紀研究』二八〇、一九九二年、のちに同『日本古代の政治と宗教』雄山閣、一九九七年に所収)。
(37) 松倉文比古「良弁伝の一齣―良弁杉にまつわる説話について」(『龍谷大学仏教文化研究所紀要』三〇、一九九一年)。
(38) 岩田茂樹氏の御示教による。
(39) 奥健夫「講堂諸尊像と奈良国立博物館薬師如来像との関係」(同『仏教彫像の制作と受容―平安時代を中心に―』中央公論美術出版、二〇一九年)。
(40) 伊東史朗前掲註(14)論文。
(41) 堀池春峰「附録一　東大寺別当次第」(角田文衞編『新修国分寺の研究一　東大寺と法華寺』吉川弘文館、一九八六年)。
(42) 開山堂は焼失を免れている。

『東大寺続要録』造仏篇

一　当寺焼失事

(中略)

所残法花堂二月堂同食堂三昧堂僧正堂鐘堂唐禅院堂上司倉下司倉
正院国分門中御門　砧蓋門南院門等也

(43) 重源が仏像を厨子に入れることについては特別な意図があったと考えられるがこれについては改めて論じたい。
(44) 伊東史朗前掲註(14)論文。
(45) 造東大寺司所記文案(『平安遺文　古文書編』一(六三)、東京堂出版、一九七四年)。

造司所

奉修固毗沙門天王事

是像、指西南傾欹五尺四寸、仍録可直之状、再三申官、而得太政官承和三年閏五月九日牒称、件損物早速修固者、仍令寺家長上従八位上神氏勝・助工鴨道往・三嶋首麿等、率二十余人凡工、従承和五年六月八日起首五十箇日間、奉直既訖、但□顕像基、見先人所為、鋳銅管立地底、其深一丈二尺、以検柱、立官中為心、其上柱井桁作像、而件管幷井桁指西南傾欹、為□修此像、即以数丈雑布等纏像、懸轆轤之綱、東北立轆轤、挽直像体、築固其底也、若至末世、有傾損者、依此工述奉直耳、仍留斯記文、

承和五年八月三日

別当

大法師円明　知事善基
参議民部卿朝野宿禰鹿取　〃　弘琳
内竪高橋朝臣祖嗣　〃　円皎
内竪石川朝臣真主　〃　弁蓮
〃　真智

なお、田中嗣人氏が指摘しているように工人名について「神氏勝助」「工鴨道往」「三嶋首麿」と解される場合があるが、『平安遺文』に翻刻される訓みとすべきであろう。

田中嗣人「寺院工房成立以前の仏師たち」(同『日本古代仏師の研究』吉川弘文館、一九八三年)。

図版出典

図1～図8　奈良国立博物館提供
図9～11、図14～16　筆者撮影
図12、13　石山寺提供(寺島典人氏撮影)
図17　東大寺提供(佐保山曉祥氏撮影)

組立工程から見た東大寺開山堂の空間的特質

清水重敦

一　東大寺開山堂の謎

良弁僧正の影像を安置する東大寺開山堂は、法華堂の西に、西を正面として立つ方三間の堂である[1]（図1、2）。治承四年（一一八〇）の兵火に焼け残ったが、大勧進職の俊乗房重源（一一二一～一二〇六）の手によって正治二年（一二〇〇）に再建された。

　再建前の開山堂は「僧正堂」と呼ばれ、良弁の御忌が行われた寛仁三年（一〇一九）頃に創建されたものと考えられている。創建の位置は、『中右記』承徳二年（一〇九八）十月十四日条に「開大仏殿奉見。次其東参僧正堂。」とある記述から大仏殿の東にあったか、あるいは天養二年（一一四五）の「某家田畠譲状[2]」の「一。僧正堂西畠。四至限東限僧正堂。限南大道。限西中垣。限北惣空山。」との記述より大仏殿の北東あたりにあったらしい。この創建僧正堂が重源によって建て替えられた後、建長二年（一二五〇）に現在の位置に移築されるとともに外陣部分が増築され、現在に至っている。

　開山堂は重源が手がけたことが確実な現存する三棟の大仏様《だいぶつよう》建築のうちの一棟で、方三間の堂の中央方一間の内陣が重源の手がけた部分である。重源による開山堂は、方一間で柱間一〇尺と小規模な建築だが、通肘木《とおしひじき》と挿肘木《さしひじき》を縦横に重ねて三手持ち送った組物は大仏様らしい複雑で迫力のある様相を示している。周囲の外陣部分は建長の増築になるもので、中央部の純粋な大仏様とは異なり和様を基調とするものだが、大斗に皿斗があるなど、大仏様の意匠が意識されている。

　開山堂以外の現存する重源による大仏様建築である東大寺南大門と浄土寺浄土堂は、柱間がいずれも二〇尺と大きく、構造形式にも関連性が見られるのに対し、開山堂は小規模でありこれらと同列には語りにくい面がある。大仏様は、貫《ぬき》と挿肘木を多用して軸部を固め、大規模建築の建設を合理的に実現するものと評されるので、開山堂のような小規模建築では大仏様を使う必然に乏しいことになる。そえゆえに、開山堂における大仏様は過剰な構造と表現を有するものである、とするのが既往の評価であったが、果たしてこうした評価はこの建築に相応しいものといえるだろうか。

　開山堂の建築に、なぜ大仏様が用いられたのか。そのことによっ

図1　東大寺開山堂内陣

図2　東大寺開山堂内陣組物

て、開山堂はどのような空間的特質を持つに至ったのか。鎌倉再建期に東大寺開山の良弁上人をいかに顕彰しようとしたのかを、そこから読み取れるのではないかと考える。

二　重源による大仏様建築の特徴

大仏様については長い研究の歴史がある。[3] 治承四年の南都焼討後の東大寺再建に際し、重源が中国江南地方の建築技術・様式を導入し、大仏殿をはじめとする巨大な堂宇の再建を実現したものが、大仏様である。重源は日本各地にあった東大寺別所などにも大仏様による建築を建設しており、東大寺境内に限られない広範囲に大仏様建築が建てられた。

建永元年（一二〇六）の重源の死去にともない、大仏様に習熟した技術者集団が離散し、大仏様は一つのまとまりのある構造形式から、貫、挿肘木といった技術や皿斗、独特の繰形などの意匠に細分化されていった。その構造形式はここに断絶したものの、後世に東福寺三門、方広寺大仏殿といった大規模建築を建設する際に参照され、歴史の中で時折復興していく。

中国との関係も概ね明らかにされている。[4] 江南地方に残る宋代の遺例の中に大仏様と近い形式を持つものは確認されていないが、部分の技術または意匠の類例は確認されており、また元代、明代といった時代の降る遺構の中には似た形式のものも残されている。

こうした分厚い研究史にあっても未解決の事項があった。それは、大仏様建築がいかに組み立てられたのか、という問題である。東大寺南大門は上下層を貫通する長さ二〇mの通し柱を用いている（図

3)。この柱を建設中にどのように支持したのだろうか。強固な足場が建物の外を取り巻いていたのだろうか。そしてこの柱には縦横に無数の挿肘木と貫が差し込まれている。貫と挿肘木は一材となっているので、長大な木材が柱の外側から何本も差し込まれていることになる。どのようにこれらの柱を差し込んだのだろうか。南大門だけでなく、この形式はさらに大きい東大寺大仏殿にも適用されていた。もはやどのように柱を立て、それを固定し、多数の貫を差し込んだのか、想像もおよばないほどである。

さらに問題となるのが、大仏様の貫の特殊性である。後世の貫が桁行と梁行で位置を上下にずらして柱内で干渉しないようにしているのに対して、大仏様の貫は、桁行と梁行が同じ上下位置で柱に挿し込まれている。柱内で貫がぶつかるので、仕口《しぐち》を工夫しなければ貫としての構造的機能を果たせなくなる。南大門の貫仕口と組立工程については、池浩三らによる先行研究があり(5)（池・片岡・鈴木一九九三）、貫の継手仕口が明らかにされている。しかし仕口形状が明らかになったとしても、その複雑な仕口を持つ柱と貫をいかに組み立てたかは別問題である。池らの研究では組立工程についても推測がなされているもの、一部に事実誤認があるのと、そこで想定された組立工程では実際にどのように足場を組んで組み立てたのかがわからない点に問題があった。

これに対して筆者らは、南大門の組立工程を考え直す糸口を発見した(6)。それは貫穴の上部に空けられた楔を打ち込むための貫穴の余

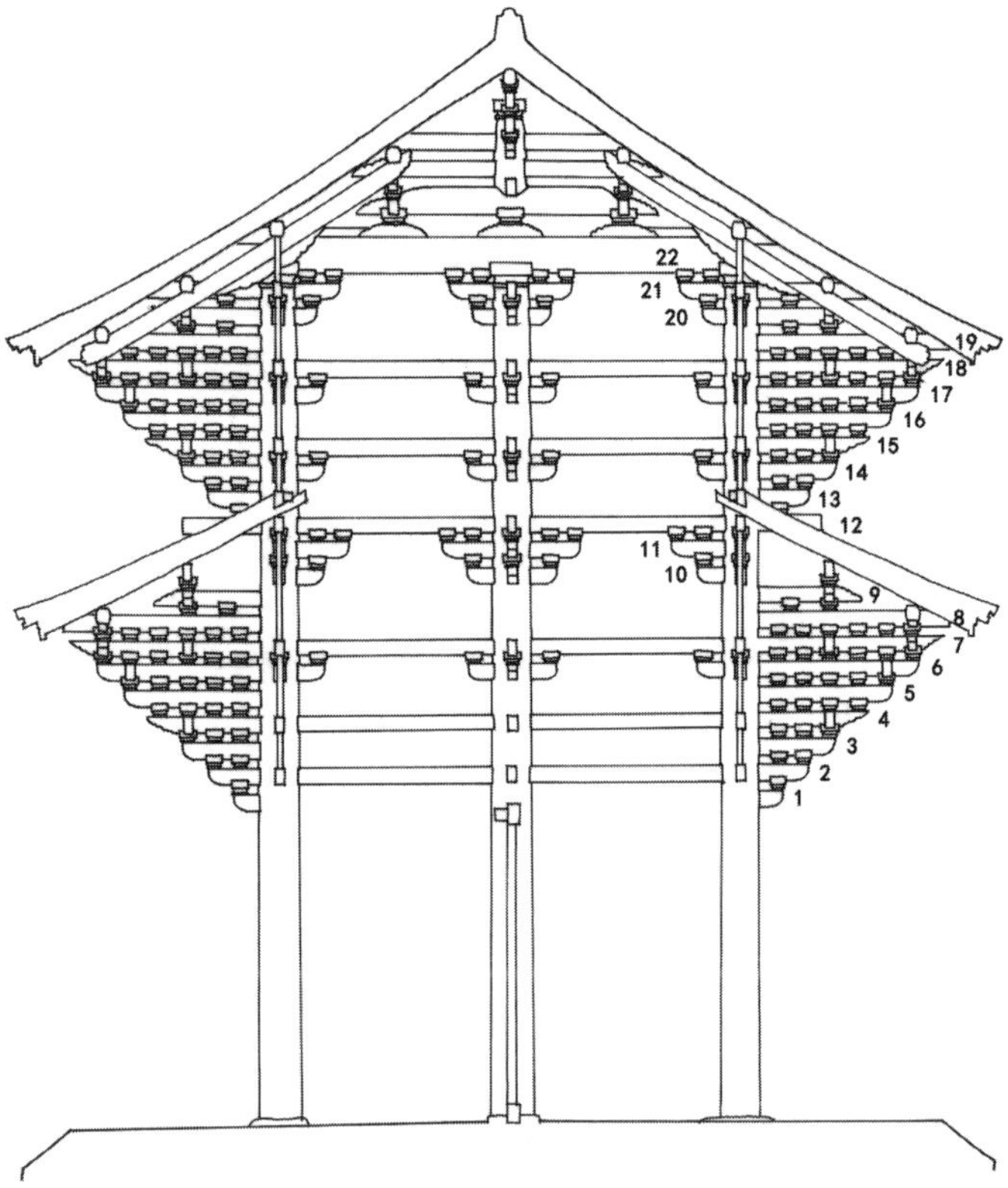

図３　東大寺南大門梁間断面図

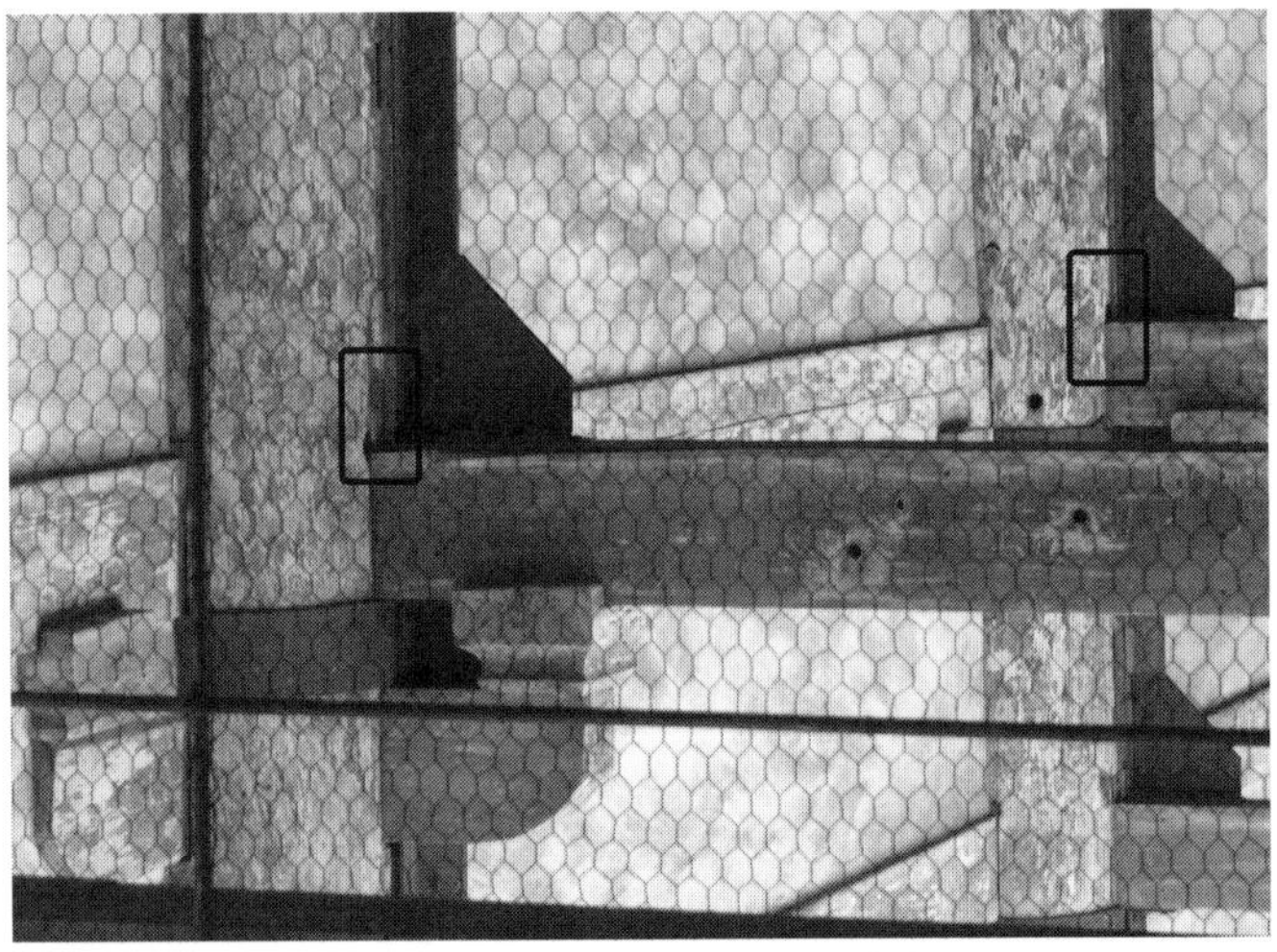
図４　東大寺南大門の貫穴楔代
（左：に三柱、右：は３柱）

地である「楔代《くさびしろ》」とその配置である。楔代の成には大小があり、建設当初に開けられた楔代が現在も残されている（図4）。現地調査によりその配置を調べたところ、概ね規則的に大小の楔代が並んでいる中で、不規則な配置を持つ柱列が見つかった。ここから以下のように南大門の組立工程を明らかにすることができた。

三　東大寺南大門の組立工程とその特質

南大門の貫及び挿肘木は、断面寸法がいずれも幅七寸（二一〇㎜）、成一尺二寸五分（三七五㎜）と同一である。

柱に空けられた貫穴には、その上側に楔代が空けられており、楔で埋められている。南大門の貫穴と貫の仕口は昭和五年に竣工した修理工事の際に付加された鉄骨の構造補強材により破壊されたものとされているが、現地において貫穴を確認したところ、鉄骨の補強材の幅が貫の幅より狭いため、貫穴及び楔代の側面が破壊されておらず、楔代の成が概ね確認できることがわかった。

楔代の成には、楔代無し、成一寸五分（四五㎜）、成五寸（一五〇㎜）の三種がある。それぞれ、柱内での仕口・組手の形式と、貫の形式、挿入順序と対応している。

仕口の形式は、①四方から別の材を挿し込む四方挿し《しほうざし》（図5）、②一軸は別材をそれぞれ挿し込み、残る一軸に一丁材を挿し込む形式、の二種類である（図6）。棟通りの柱筋の仕口は、四方向から材が集まるため、①の四方挿しの形式となる。側通りの柱筋については、軒を支持するための挿肘木を大きく持ち出す必要があるため、挿肘木が内に引き込まれて貫となっており、壁と直行する方向の材は柱の内外で一丁の材となる②の形式を持つ。

組手の形式は、①、②の仕口ともに、基本的な仕組みは共通している。材の先端をそれぞれ四分の一の断面に落として鬢太《びんた》（材の先端を切り欠いて長く残した部分）をつくり、一軸の両側からこの鬢太を抱き合わせるようにする。鬢太の先端には成一寸五分の顎を作り出す。

まず一軸について、下木《したき》となる材を、両側から二材挿し込む。次にもう一軸について、両側から上木《うわき》となる二材を、または片側から一丁材を、楔代成の分だけ持ち上げつつ挿し込む。上木を下げて下木と嚙み合わせ、楔代に楔を打ち込む。上木の材は下木の材に渡り顎または相欠《あいがき》きで嚙み合わされることになり、四方の材の顎部分が互いに引っ掛かって抜けない組手となる。

二軸目の材は、一軸目の材と嚙ませるために先端の顎の成または相欠きの成の分を上げ越して挿入する必要があり、その分、貫穴の成を高くしておく必要がある。こうしてできるのが、貫穴の楔代である。

楔代の成は、先に下木として入れる軸については楔代無しか、または若干の高さとなる。上木として入れる軸は、両側から別材を入れる場合は、先端の顎の成である一寸五分となる（図5）。一丁材を入れる場合は、部材成の約半分の五寸となる（図6）。従って、楔代成を確認することで、組手内部の形式が想定できることになる。

南大門における各組手の楔代成について、現地確認を行った結果は、図7の通りである。「二」通りの柱では楔代成は桁行が一寸五分、梁行が一寸五分、「一」および「三」通り柱では桁行が一寸五分、梁行が五寸が基本で、規則的な配列が確認できた。しかし

「は」の筋の三本の柱の楔代のみ、この規則から外れていた。「は」の筋の側柱では、全ての梁行の貫穴で楔代が一寸五分だった。そして桁行については、「は二」の柱の最下段（二段目）のみ、楔代が五寸であった。「は」の筋で梁行の楔代が一寸五分であるのは、梁行の挿肘木を先に挿入し、後で桁行の材を入れるという、他の柱筋とは逆の組み立て順が採られていたことを示している。また「は二」最下段で桁行の楔代が五寸となるのは、ここの仕口が棟通りで一般的に見られる四方挿しではなく、桁行が一丁材であったことを示しているものと考えられた。このように「は」の筋では貫の挿入順序や形状が他の柱筋とは大きく異なっていることが明らかとなった。ここに見られる不規則さは、この柱筋が組立の起点であったことを示すものと考えられる。

この事実から、「は」の筋における組立工程を想定することができる。まず、「一」および「三」通り柱、すなわち側柱において、まず梁行の挿肘木を先に挿入したのは、棟通りを境に表裏で挿肘木が別の材になっているのではなく、表から裏までが長大な一丁の材となっていることを意味しているものと考えられる。つまり「は」の筋では、二本の側柱と一本の棟通り柱が、表から裏までを通す複数本の一丁材で繋がれており、枠状の構造体が形成されていることになる。ここから想定できるのは、地上に三本の柱を寝かせた状態で複数本の一丁材の貫を挿し込んで枠を組み、これを建て起こす、という工程である。最初に「は」の筋においてこのような組立工程

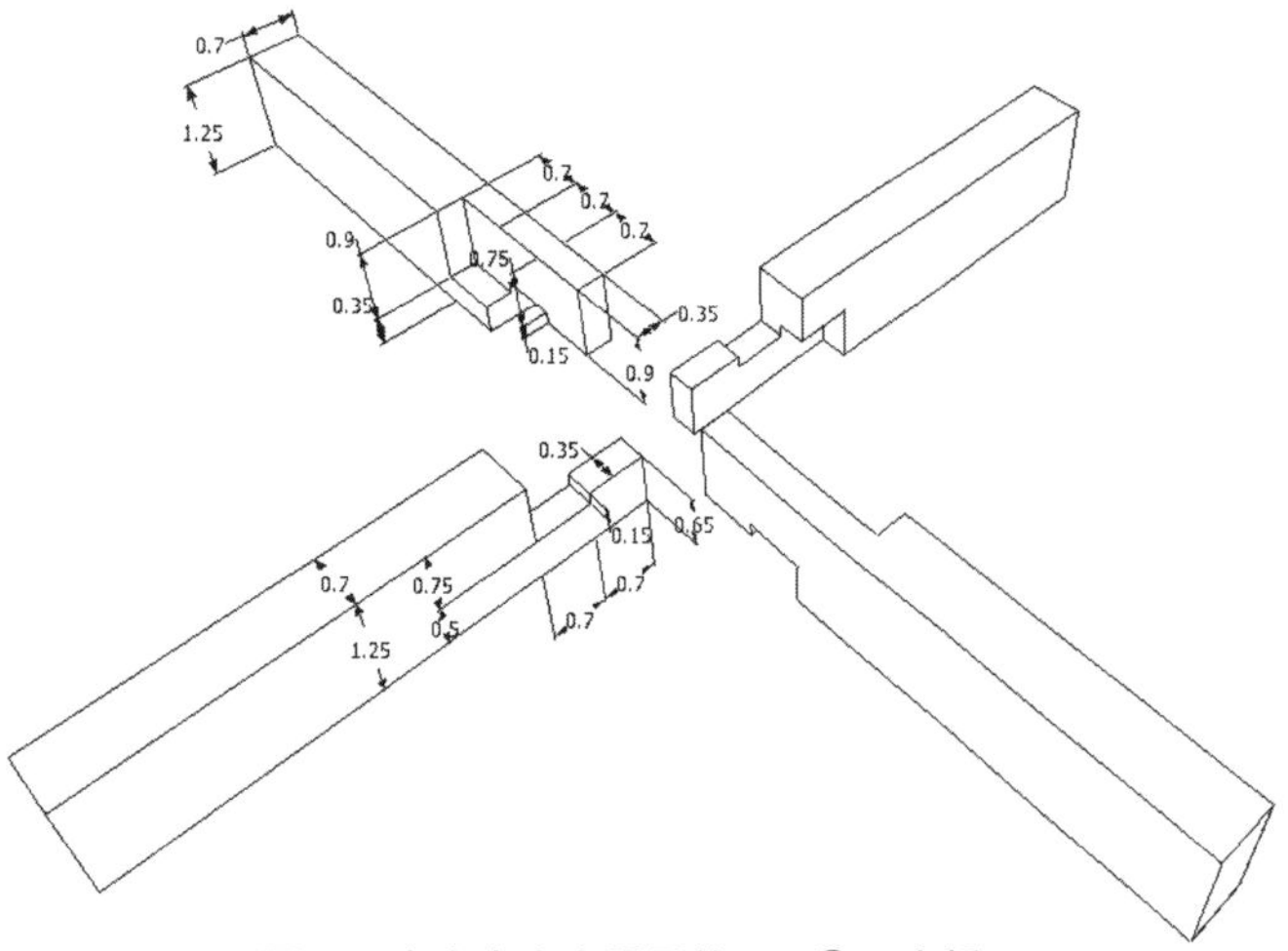

図５　東大寺南大門貫仕口　①四方挿し

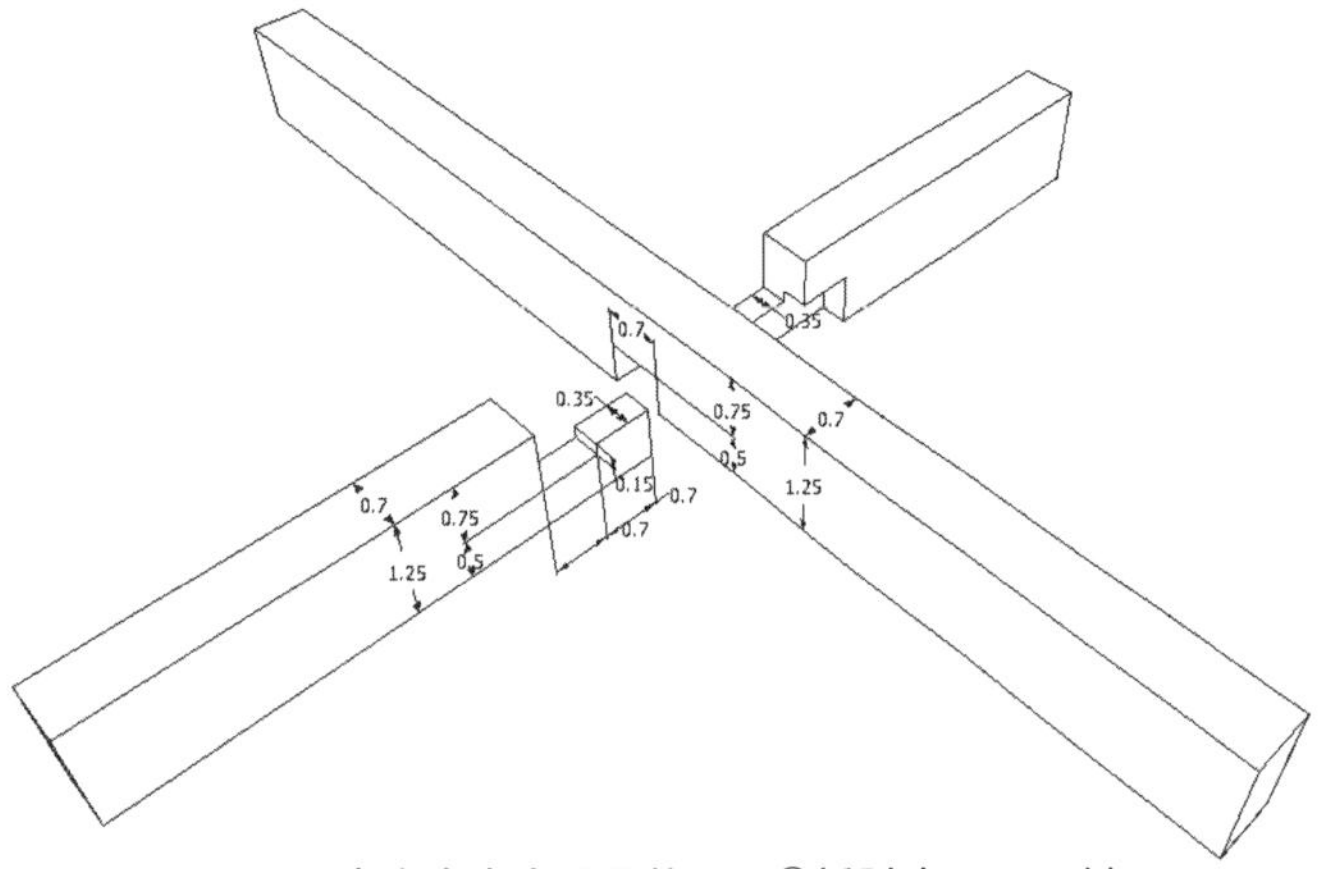

図６　東大寺南大門貫仕口　②挿肘木の一丁材

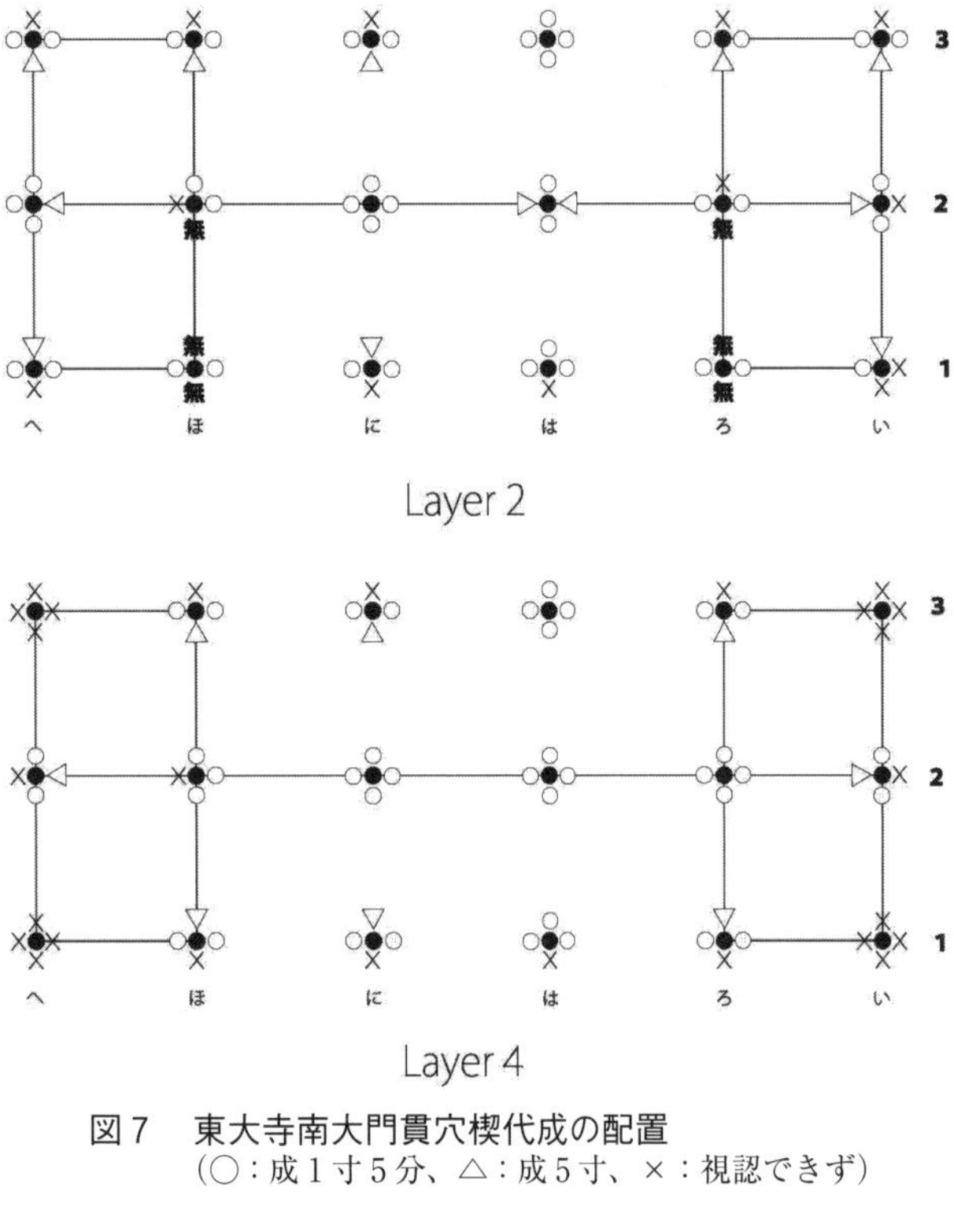

図７　東大寺南大門貫穴楔代成の配置
（○：成１寸５分、△：成５寸、×：視認できず）

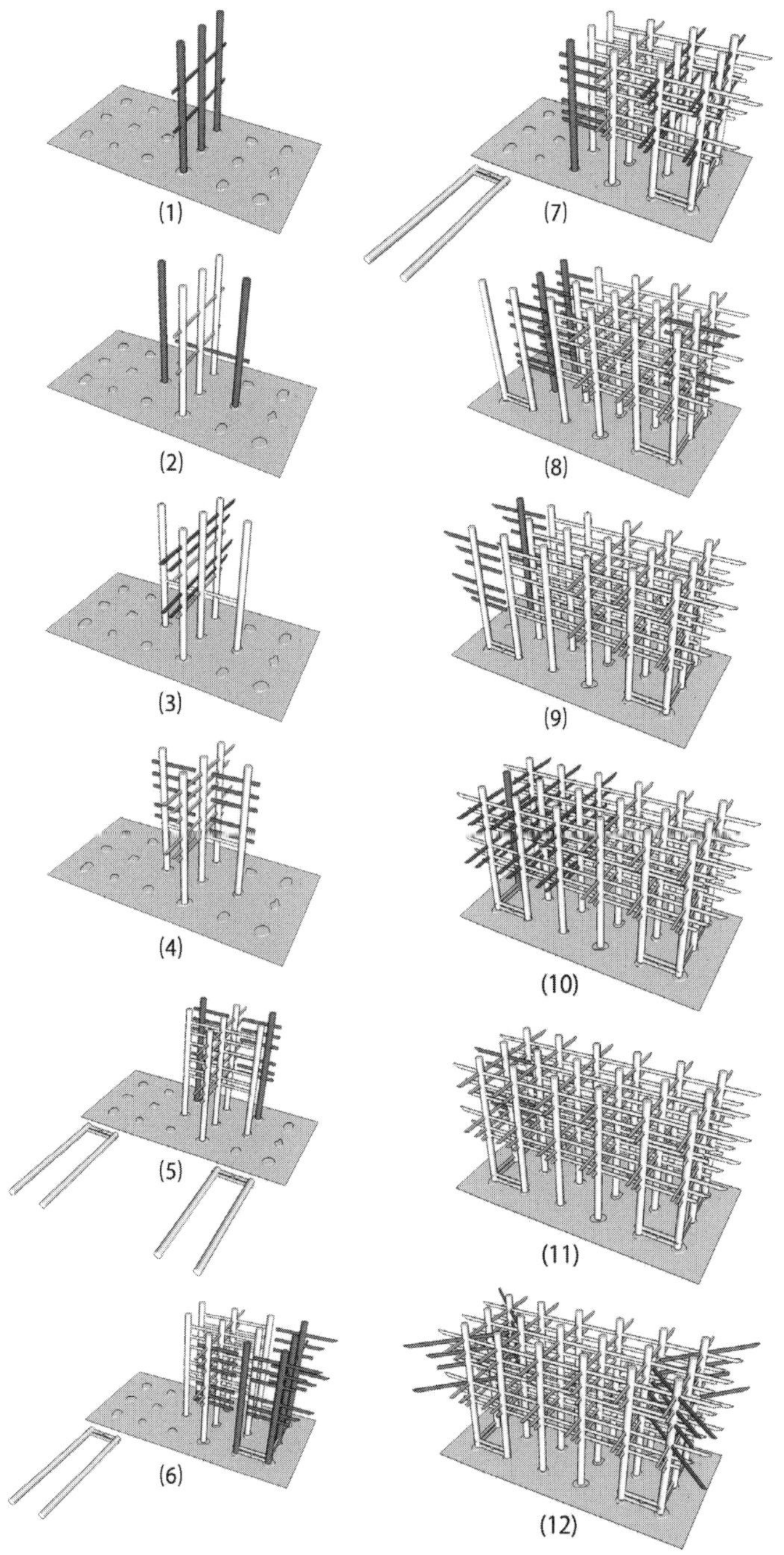

図８　東大寺南大門の組立工程復元

をとったものと推定された。

そして「は二」柱の最下段の桁行にも一丁材が挿入されていることが推定されたわけだが、これは「は」の筋の梁行の構造体に直交するものであり、「ろ二」「に二」の二柱を立てて、「は」の筋の構造体と繋ぐことを想定したものと見られる。この工程を採ると、十字に立てた五柱を繋いだ構造体が形成されることになる。この構造体は構造足場を設けることなく自立するので、南大門の組立において、第一にこの十字形の自立する構造体を形成することを計画した、ということが明らかとなる。

これで最初の組立工程が明らかとなった。これ以降の組立は、反時計回りに柱を順次立てていくことで、スムーズに進めることができる（図８）。

すなわち、南大門の建築は、二〇mの柱という現存建築中群を抜く長大な柱を用いながらも、構造足場をほぼ用いずに組み立てられていたことになる。この組立工程が、さらに規模の大きい大仏殿の組み立てにももちろん用いられたのだろう。

南大門の建築は、その構造形式の巧みさ、堅固さ、材料使用の合理性が高く評価されてきた。しかしそれらも高度な組立工程の計画あってこそ、である。重源はこの組立工程を綿密に計画しながら、全体の形式もデザインするという驚異的な設計能力を、大仏様建築において発揮したのだった。

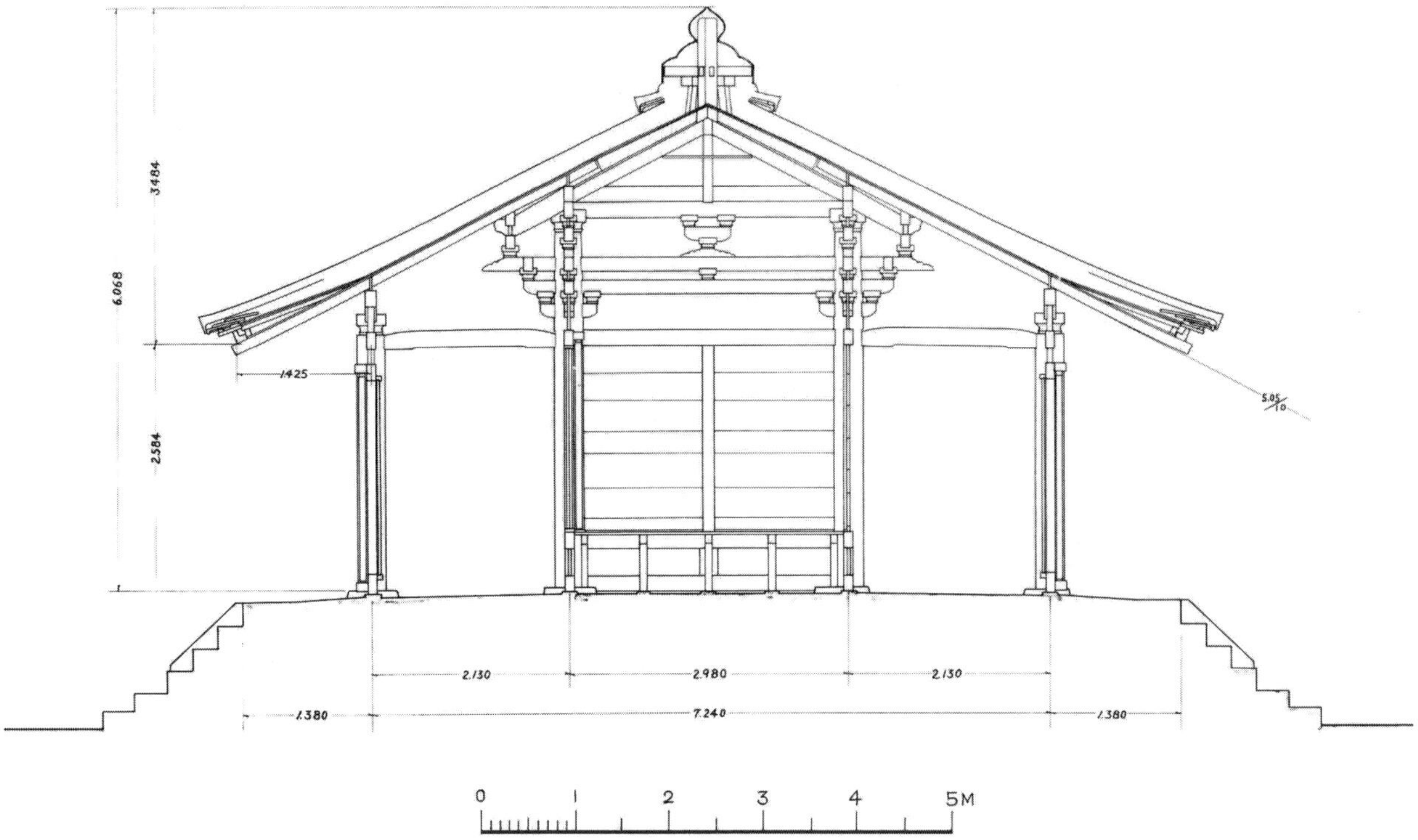

図9　東大寺開山堂断面図

四　東大寺開山堂内陣の組立工程

この重源による大仏様の特徴は、小規模な開山堂内陣にいかに表れているだろうか[7]。開山堂内陣は、柱長が約三ｍとそれほど長くなく、組立中の構造体の自立を南大門ほど考慮する必要がないにもかかわらず、大仏様の技法が十全に使われている（図9）。その特質を考えるために、東大寺の許可を得て開山堂の詳細調査を実施し、その組立工程を考察した。

開山堂内陣でも柱に通肘木が縦横に差し込まれ、直交する通肘木が同高に収められるので、肘木が柱を貫通する箇所に開けられた貫穴には肘木を柱内で組むための楔代が設けられている（図10、11）。南大門では上下の貫の間隔を広げて断面欠損を抑えているが、開山堂は通肘木二段と肘木の計三段であるためか、三段全てが貫穴として貫通しており、貫穴間の間隔が狭い。そのため、楔代は貫の上だけでなく下にも開けられ、一部は上下の貫穴を繋ぐように空けられている。

壁が板壁になっているのも特徴的で、軸部を組み立てる際に同時に板壁を入れなければならない箇所があり、さらに組立工程が複雑になる。

部材寸法を詳細に実測したところ、以下のことが判明した。

・貫は東西方向が上木、南北方向が下木に組まれる。
・三段目東西貫のうち南面のものは、材の中央付近が貫穴より太く、柱の外から貫を差し込むことができない。
・二段目の貫穴には下端に成六〇㎜の楔代がある。一段目肘木上

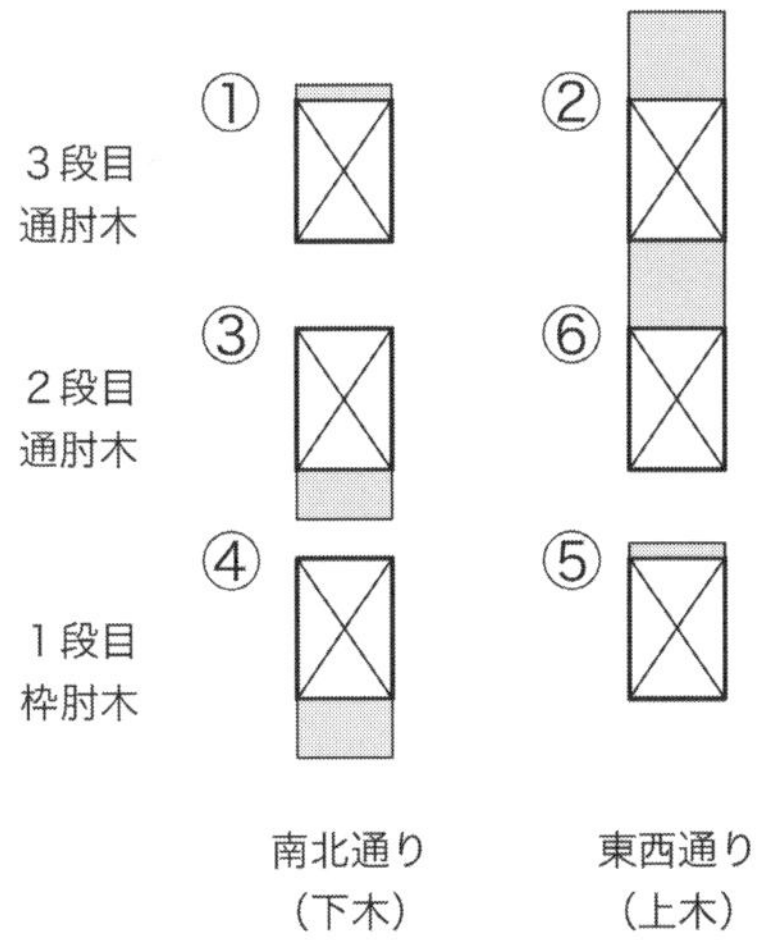
①
②
３段目
通肘木
③
⑥
２段目
通肘木
④
⑤
１段目
枠肘木
南北通り
（下木）
東西通り
（上木）

図11　東大寺開山堂内陣の貫穴楔代

図10　東大寺開山堂内陣の貫穴
（左：内側、右：外側）

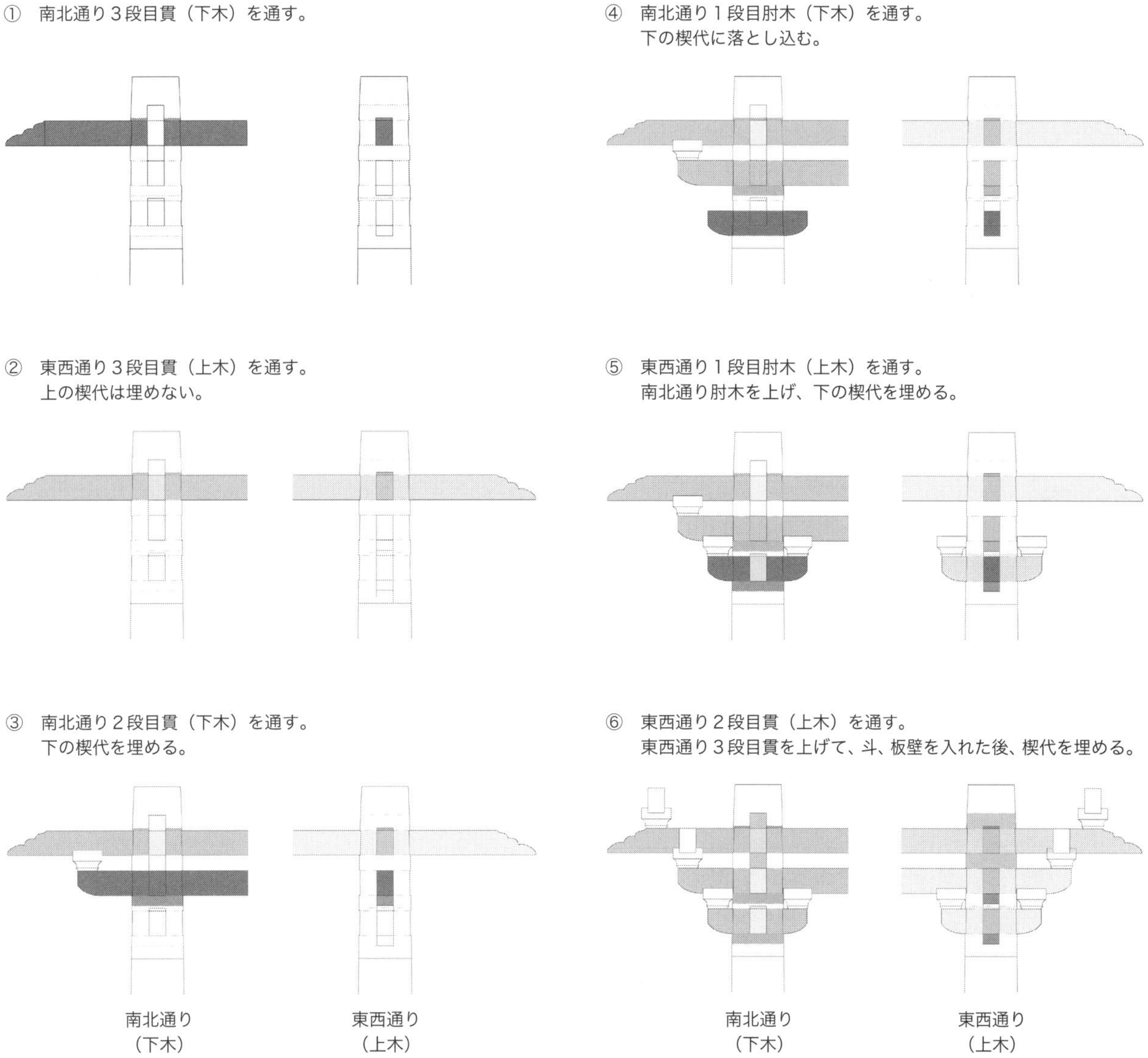
①　南北通り３段目貫（下木）を通す。
④　南北通り１段目肘木（下木）を通す。
下の楔代に落とし込む。
②　東西通り３段目貫（上木）を通す。
上の楔代は埋めない。
⑤　東西通り１段目肘木（上木）を通す。
南北通り肘木を上げ、下の楔代を埋める。
③　南北通り２段目貫（下木）を通す。
下の楔代を埋める。
⑥　東西通り２段目貫（上木）を通す。
東西通り３段目貫を上げて、斗、板壁を入れた後、楔代を埋める。
南北通り
（下木）
東西通り
（上木）
南北通り
（下木）
東西通り
（上木）

図12　東大寺開山堂内陣の組立工程復元

の斗と柱の間が狭いため、この楔代は一段目の斗を組む前に埋めなければならず、下段↓上段ではなく上段↓下段の順に貫を組み立てている箇所があることになる。

これらの状況を踏まえると、開山堂内陣の組立工程は以下のように復元される(図12)。

①南北通り三段目貫(下木)を通す。

②東西通り三段目貫(上木)を通し、軸部を立体枠組みとして自立させる。上の楔代はまだ埋めない。

③南北通り二段目貫(下木)を下の楔代に落とし込んで通す。二、三段目間の斗と板壁を入れた後、二段目貫を上げて下の楔代を埋める。

④南北通り一段目肘木(下木)を下の楔代に落とし込んで通す。

⑤東西通り一段目肘木(上木)を通す。南北通り肘木を上げ、下の楔代を埋める。

⑥東西通り二段目貫(上木)を通す。東西通り三段目貫を楔代の分上げて、斗と板壁を入れた後、三段目貫を下ろして上の楔代を埋める。

この組立工程の中で、楔代を貫穴の上下に彫り分け、肘木を段ごとではなく通りごとに上から下へ、そして下から上へと組んでいく工程は、他の大仏様には見られない、極めて精巧なものである。このような手法を採ったのは、一つには平の肘木の組手の中間に挿し込まれる隅行の肘木を上下の肘木で挟み込んで固定することを意識したものであろう。結果として、軸部、壁、組物が一体となった極めて強固な構造体が組み上げられている。

五　東大寺開山堂内陣の空間的特質

開山堂内陣になぜこのような複雑な組立工程が必要だったのだろうか。この建物は、建設当初は内陣の方一間のみが独立して建つ形式であった。大仏様導入以前の建築技術では、建物を水平に固めるための技術が未成熟で、方一間の建物は小規模ながら逆に構造が不安定にならざるを得なかったものと推定される。開山堂の構造形式は既往の建築技術とは比較にならないほど強固であり、開山の良弁を祀る堂の構造的な永続性が意識されたものと考えられよう。

強固な構造体を形成したもう一つの理由として考えられるのが、内部空間の形状である。この建物の屋根を支える構造には、通常用いられる梁が無く、屋根は四方に伸びる隅木を一点に集め、その頂点から各柱間中央に尾垂木を架け降ろし、これらの間に板を張って支えられている。内部には天井を張らないため、隅木、尾垂木、裏板が中心に向かって立ち上がるドーム状の内部空間となっている。この構造形式は、屋根荷重が柱を内倒れさせる力を生じさせるため、構造的に無理がある。大仏様導入以前の積み重ね式の組物を有する構造形式では安定構造が形成しづらいが、開山堂における大仏様の形式はその点で全く問題がない。すなわち、方一間という規模かつ梁を用いないドーム状の空間という構造形式を安定的に実現するために、大仏様の形式が用いられたとみることができる。

梁を用いない屋根構造は他の大仏様建築とは異なるものの、中央に向けて高まる内部空間は浄土寺浄土堂と共通するものといえ、おそらくは東大寺大仏殿にも共通する空間的性格だっただろう。

三手先組物が用いられるのも、隅木及び尾垂木を柱直上の桁と外に大きく持ち出された軒桁とで安定的に支持することを意図したものととらえることができる。その結果として建物規模に比して過剰にも見える三手先組物が形成されたもので、その一見不均衡な形式はこの建物の外観に固有の記念性をもたらすに至っている。

開山堂内陣の内部には、八角形須弥壇上に八角形の厨子が置かれ、良弁僧正座像が安置されている。八角形の須弥壇は東大寺法華堂正堂にも見られ、あるいは良弁が開いた金鐘寺の堂と目されている法華堂を意識した面があるのかもしれない。ドーム状の建物内部の中心に置かれ、建物とあいまって求心性のある空間が強調されている。

大仏様による個別性の高い形式で造形された開山堂内陣は、法華堂の空間を意識しつつ、大仏殿をミニチュア化したかのような記念性を持つ建物と評することができるだろう。

（しみず　しげあつ・京都工芸繊維大学）

謝辞

本研究は東大寺の許可を得て京都工芸繊維大学 KYOTO Design Lab のプロジェクトとして実施した東大寺開山堂の組立工程に関する研究の成果の一部である。研究の実施にあたり、東大寺森本公穣様、今西良男様、田中泉様より多大なる協力を得た。記して感謝したい。

註

（1）東大寺開山堂についての基本文献として、鈴木嘉吉「開山堂」「補遺開山堂」『奈良六大寺大観』第九巻　東大寺一（岩波書店、一九七〇年）、及び奈良県教育委員会事務局奈良県文化財保存事務所編『国宝東大寺開山堂修理工事報告書』（奈良県教育委員会、一九七一）が挙げられる。

（2）内閣文庫所蔵大和国古文書、『平安遺文』巻九所収。

（3）大仏様建築の研究史は、山之内誠「大仏様建築研究の現在　研究史における主要な論点」（『南都佛教』八八号、二〇〇六年）を参照。

（4）田中淡「日本中世新様式建築における構造の改革」（『中国建築史の研究』弘文堂、一九八九年）、傅熹年「福建的幾座宋代建築及其與日本鎌倉〝大仏様〟建築的関係」（『傅熹年建築史論文集』文物出版社、一九九八年）など。

（5）池浩三、鈴木樹、片岡靖夫「東大寺南大門の部材構成　軸部の肘木と貫」『日本建築学会計画系論文報告集』四三五号、一九九三年十一月。東大寺南大門昭和修理の内容については、東大寺南大門修理工事事務所編『東大寺南大門史及昭和修理要録』（東大寺南大門修理工事事務所、一九三〇年）に記録されているが、文化財建造物修理工事報告書の初期のものであるため、記述に詳細さを欠き、掲載図版にも不備があり、貫の仕口の詳細については報告書の記述のみからは明らかにならない。

（6）林琳、清水重敦「貫穴楔代から見た東大寺南大門の部材構成と軸部組立工程について」『日本建築学会計画系論文集』七八〇号、二〇二一年二月。

（7）東大寺開山堂の昭和修理に際して刊行された前掲『国宝東大寺開山堂修理工事報告書』には部材寸法等の詳細が記載されているが、貫穴楔代の寸法についての詳細の記載がなく、また同堂の組立工程についての言及もない。

図版出典

図1、2　市川靖史撮影
図3、5～8　林、清水「貫穴楔代から見た東大寺南大門の部材構成と軸部組立工程について」
図4　筆者撮影
図9、10　『国宝東大寺開山堂修理工事報告書』
図11、12　筆者作成

全体討論会

「良弁僧正—伝承と実像の間—」

令和四年（二〇二二）十一月二十日

総合司会　藤井　恵介（東京大学）
パネラー　本郷　真紹（立命館大学）
濱道　孝尚（大阪公立大学都市文化研究センター）
野呂　靖（龍谷大学）
川瀬　由照（早稲田大学）
清水　重敦（京都工芸繊維大学）

藤井　まず最初に、昨日今日のご講演の補足や、他の講演者に対するご意見ご感想などございますでしょうか。本郷先生からお願いします。

本郷　少し補足をさせていただきます。最初の方、東大寺の境内に八幡神が設けられて、それがともすれば大仏造営に支援するという詔、神託を出したことがきっかけで云々、ということですが、時系列的に史料を見直させていただいた限りにおいては、八幡神が最初に、この認識を得たのは、どう考えても藤原広嗣との関係であろうと思うわけです。聖武天皇が天平十七年（七四五）に重篤な病に罹られました。その時に八幡神に勅使が遣わされて、その後すぐに、玄昉が僧正の職を解かれて、しかもその五年後に、今度は従四位上という高い位をもらっていた吉備真備が筑前守として左遷されました。考えてみれば、玄昉と吉備真備を中央政界から放逐することは、もともと藤原広嗣が訴えたことであって、広嗣と聖武天皇の病との関係があったとすれば、あの措置は納得できますし、そこにむりやり藤原仲麻呂の陰謀ということを想定する必要はないのです。どの史料を見ても「仲麻呂と吉備真備が対立していた」とか「吉備真備が反・仲麻呂派であった」とか、そんなことを示している史料はないのです。吉備真備が筑前守になったのは「広嗣の逆魂がやまなかったからだ」と書いてあるわけなので、そのとおりに受け取ったらいいのです。吉備真備は、長い間、大宰大弐という要職を務めた後に「造東大寺長官」として仲麻呂の乱が起こる八ヶ月前に中央に戻

ってきます。その後、乱が起こると仲麻呂追討軍の参謀をしたということで、そこのところから、すべてを両者が対立していたような構図で把握することは、再考する必要があるだろうと思います。

そう考えると、同じ頃に、興福寺の慈訓が解任されて道鏡が代わって少僧都になっていました。もともと慈訓は仲麻呂の一党であって、それで排斥されたと言われます。これも私は、本当にそうなのかと疑問に思っています。と申しますのは『続日本紀』には載っていませんが、慶俊という律師も解任されているのです。慈訓と慶俊の二人は、道鏡が称徳天皇の崩御に伴って下野に送られた後、再任されて僧綱に帰り咲いています。そういうところから慶俊と慈訓が仲麻呂派であって、称徳天皇の崩御、道鏡の排斥に伴って、また復帰したといわれるのですが、理解できないのです。むしろ気になるのは、慈訓と慶俊、さらには後に東大寺の別当になった等定という僧、いずれも河内の王仁後裔氏族の出身なのです。同じ河内の国の僧なのですが、道鏡、それから時代は前後しますが、玄昉、秋篠寺の善珠、こういう人たちはすべて中河内の出身です。そうすると中河内、南河内にそれぞれに栄えた仏教文化があって、その出身の僧が大和へ出て官大寺に入る。自分の出自に伴うところの派閥意識があったとしても、おかしくはありません。平安時代の初期になっても、僧綱同士が対立して、辞任したという例があるので、そういう可能性もあります。ですから、仲麻呂という朝廷の有力者との関係だけで評価するのはどうかと、もう一度、考え直す必要があるだろうと思うのです。これが一つです。

西大寺さんというのは伽藍の特色からして宇佐・八幡社の弥勒寺の影響を受けた部分が大きいので、現人神のおられる平城宮の神宮寺的な性格を帯びたお寺ではなかったかと申し上げました。もしそうであれば、道鏡の皇位継承は、どうしても神託が必要だったのです。それは何も道鏡個人を称徳天皇が寵愛されていたからということではなく、称徳天皇の理想の形が、仏法をよく理解し、それを担える人に地位を継いでもらいたい、という意識があったのでしょう。身近な中から、それに一番適した人物は誰かというと、全幅の信頼を置き、自ら師と仰ぐ道鏡ということで、道鏡の皇位継承が取り沙汰されるようになったのではないでしょうか。だとするならば、そこで改めて、八幡神の存在がかなり強く意識され、神託が一時重要な案件になった。その後はご存知のとおり、和気清麻呂の判断で、偽の神託が明らかになったので道鏡の即位はなくなりました。その時の称徳天皇の激怒ぶりたるや、すさまじいもので、清麻呂も、その姉の広虫とともに謗られました。それは、世俗的な男女関係でとらえられている道鏡を、どうしても跡継ぎにしたかったということではなく、称徳天皇にしてみると、あくまでも仏教の理念、それをベースとする自分なりの理想的な国家像があって、それがなかなか理解されないことに対するお怒り、悲しさがあったのではないかと思うのです。その根拠が一つあります。失意のうちに病になられた称徳天皇は亡くなられ、その後、道鏡は下野薬師寺に左遷されたのですが、その時、皇嗣を誰にするかということで朝廷の中で揉めたのです。当時の有力者であった藤原永手や藤原百川が画策して、大納言という地位にあった白壁王を皇太子にして即位させたのですが、それが光仁天皇でした。気になるのは、称徳天皇の信任の厚かった右大臣の吉備真備が白壁王を支持しなかったことです。では、吉備真備は誰を推したのでしょうか。文屋真人浄三です。浄三は「自分

は老齢であるから」と固辞して、まもなく死んでしまいます。すると次に吉備真備はその弟である文屋大市を推します。結局は藤原氏の策謀によって潰れるのですが。浄三と大市という兄弟は、ともに天武天皇の孫で、官人でありながら出家した経歴をもっています。出家して仏教に十分な理解のある人を皇嗣に、という称徳天皇の思いを吉備真備が受け継いでいたとすれば、吉備真備が彼ら兄弟を推したことは、わからなくもないです。もちろん、別の解釈もあります。当時、白壁王は大納言だったのですが、吉備真備は、本来その下の中納言であったのを、大納言を飛び越えて右大臣になっています。ですから、吉備真備と白壁王との間に官人としてのライバル関係があったと見なすこともできるでしょう。が、むしろそれよりも、称徳天皇の理想からすると、仏教に縁の深い方に皇位を担ってもらって、ゆくゆくは日本もそういう国家になってほしいという目論見があったのではないでしょうか。実際にそういうことで皇位が維持できるのか。ローマ法王や天台座主のように、宗教界では師匠から弟子へトップの地位を受け継ぐというのは可能であって、もしそこまで考えられていたのであれば、今、申し上げたような称徳天皇の理念は、わからないでもないのです。あくまでも想像の域は出ませんけど、そういう考えもあるということです。

藤井　どうもありがとうございました。それでは次に濱道先生にお願いします。

濱道　この二日間、四人の先生方から私の研究の専門外のお話をうかがい、大変勉強になりました。どうもありがとうございました。シンポジウムでのお話を伺って改めて考えたところもあるのですが、私は正倉院文書研究の中で奈良時代の写経事業を研究テーマの一つとしております。みなさんが、ご指摘され、問題提起されたことの中で、何か写経事業の方面から考えることができないのかと思いました。その点からいくと、まず野呂先生が、天平勝宝二年（七五二）に書写された『華厳経』の「寿量品」四千巻の書写について、「陀羅尼との近似性があるのではないか」とご指摘をされていて、とても興味深く伺いました。天平勝宝四年に、『華厳経』ではないのですが、法華経の中から「薬王菩薩本事品」・「観世音菩薩普門品」・「安楽行品」・「如来寿量品」など四本だけを選んで写経が行われました。これは良弁僧正により行われた写経事業だったので、そのような事例も「陀羅尼との近縁性から何か考えるきっかけができないかな」と、考えておりました。

また、本郷先生から、良弁僧正と弥勒信仰との関係のご指摘がありました。それを受けて今日、川瀬先生から、弥勒信仰にかかわる言及もあったかと思います。『弥勒経』についても何かないか、と思って調べてみました。『弥勒経』の書写自体は、『法華経』といった経と比較すると、そこまで写経事例が多いわけではないのですが、天平十六年（七四四）に「弥勒経三百巻」という大きな写経事業がありました。これは史料が断片的なこともあって、なかなか今まで注目を浴びてこなかった写経事業ですが、「僧正の写し奉る」と明記されています。天平十六年の僧正は良弁僧正ではなく、玄昉僧正ですが、これもどう考えたらいいかなと、今、思案しているところです。良弁僧正個人についてのみならず、奈良時代にまで遡る仏教界の記憶のようなものと、何か特定の人物への信仰とが関係しているのではないかということは、日本仏教における僧侶に対する信仰の形成を考える視点として想定してもいいのかなと感じたとこ

ろです。

藤井　ありがとうございます。それでは野呂先生にお願いいたします。

野呂　先程、濱道先生から「陀羅尼として詠まれる華厳経」という話をいただきました。今回、私のお話自体は中世が中心だったのですが、「良弁さんにとっての華厳経とは、どういう意味をもつのか」を考えた時には、「陀羅尼」としての役割を持つ華厳経という視点も大事だと思います。

私は専門が仏教学ですので仏教の高度な教義体系が最も素晴らしいと思ってしまいがちですが、しかし実は経典そのものが、どのように人々に受け止められたのかがとても大事です。たとえば近年では、石井公成先生（駒澤大学名誉教授）が、聖武天皇にとっての華厳経は哲学的なものというよりも、盧遮那仏の偉大な力（威神力）への希求・関心であったという趣旨のことを指摘されています。そう考えますと、今回私が報告しました華厳経「寿命品」には国土の壮大さや寿命の長さがダイレクトに強調されています。まさに延命などの陀羅尼的な力をもつ経典として受容されるのは必然であると思われます。

華厳教学と威神力やそれによる奇瑞・効果という観点でいえば、すでに中国華厳の祖師にその源流が認められます。例えば唐代の祖師、賢首大師法蔵の書いた『華厳経伝記』という面白いテクストがあります。これは法蔵が生きていた時代までの華厳経を学び、実践していた人々の伝記集なのですが、そこには教義の勉強をしてきた人が、どのような「祥瑞」を起こしたのかがしっかりと書かれています。奇瑞がない人は華厳を学んだことにはならないとまで書かれています。このようにみると、教理としての華厳教学とともに、より広く華厳の儀礼的・文化的影響を今後研究していく必要があるように思います。

藤井　ありがとうございました。それでは川瀬先生にお願いします。

川瀬　今回の発表の主要点である「観音の化身としての良弁像」について、もう少し丁寧に説明すべきでした。保存状態がとても良いのになぜ左手の中指だけが後補なのか疑問を感じておりました。発表準備をする中で（石山寺の良弁の画像について教示を受け）、ここに蓮華を取り付ける仕口があったために、経年の劣化などで傷んで左手中指のみを修理せざるを得ない状況になったと考えるのがもっとも妥当だと考えるに至りました。中指のみ後補であることが重要でした。さらに、その後なぜ持物を補わなかったのか。観音の化身なのに、一番大事なものをなぜ補わなかったのか疑問になりました。本郷先生の御発表にもありましたように聖武天皇がある時期から「救世観音の化身」となり、重なってしまうので良弁が観音から弥勒の化身になったため、その後は補わず、そのままにしてしまったと考えればいいのかなと思うようになりました。

先ほど鈴木喜博先生から、今回の発表で大事なところは「法華会」の法要本尊としてつくられたことだとご指摘いただきました。たしかに自分もそういうつもりでいたのですが、「観音の化身」を強調しすぎは良くないかなとも反省しました。

藤井　ありがとうございました。それでは清水先生にお願いします。

清水　私はほとんど良弁僧正の話をせずに建物の組立工程についての話をしましたが、今日の文脈だと、開山堂の前身堂がどういうものだったのか、そして現位置に移された後、法華堂の造営と何か関

連づけられたのではないかという話をすべきだったのかなと、今思っています。「大仏様」は重源が亡くなると解体していきます。開山堂は建設の五十年後の建長二年（一二五〇）に今の場所に移築された際に外側におだやかな庇がつくのですが、よく見るとディテールに「大仏様」の形が認められるのですね。全く関係ないものをつくったのではなくて、五十年後に「大仏様」を復興するような意識でつくっているらしいことがわかります。

法華堂も重源が手を入れていて、礼堂の内部は「大仏様」の様式になっていると昔からいわれてきたのですが、近年、年輪年代調査がなされた結果、奈良時代の正堂に重源が手を入れており、礼堂の方はもう少し新しいということがわかってきました。具体的にいうと、文永元年（一二六四）の墨書が礼堂の南妻から見つかり、この年に礼堂を本格的に造り替えることが行われていたようです。一二五〇年から六四年といいますと少し間がありますが、その時に法華堂と開山堂との関係の中で「大仏様」が意識され「大仏様を復興させてこのエリアに何か新しい意味を与えようとしたらしい」ということが見えてきて、このあたりの考証を深めてみる必要があるなと思いました。

もう一つ、開山堂は今の位置に移った時に、最初は法華堂の方に向いて造られたのですね。それが今のように一八〇度回転されて西向きになったのですが、これは明確な史料はないのですが、建築様式上は室町初期頃と考えられています。今日、野呂先生の話で室町くらいから力が弱まっていったので、そのあたりと符合しそうだな、と思った次第です。

藤井　ありがとうございました。論点が多岐に渡っていますので、それぞれ先生方からお話いただきたいと思います。本郷先生と濱道先生が関わって、本郷先生の基調講演の最後のところで良弁僧正と早良親王について触れられていましたので、それについて、いかがでしょうか。

本郷　早良親王と良弁僧正の直接の接点は、なかなか設定しにくいところがありまして、年齢も早良親王は七五〇年くらいの生まれですから六十歳ほど年齢が開いています。ただ間違いなく、最終的には良弁僧正が御往生にあたって早良親王に後事を託されたということは、かなり信憑性が高いのではないかと思います。その当時、宝亀年間・光仁天皇の時代で、その意味では、その後の東大寺の情勢に鑑みて、それなりの力を発揮していただけるのは、すでにこの当時親王禅師早良は大安寺に移られていたといわれているわけですが、引き続き、東大寺の伽藍の整備に尽力されていたということですから、華厳教学の継承と、東大寺の整備を含めて後事を託されたとしても、全く不思議に感じることはないということです。

最後に資料を用意していたのを割愛しましたが、後に早良親王の霊に桓武天皇が悩まされたとあります。桓武天皇ばかりでなく、その跡継ぎである安殿親王、後の平城天皇も、叔父さんである早良親王の霊に悩まされたということがありましたので、『続日本紀』の早良親王に関わる記事、とりわけ藤原種継暗殺の一件を、すべて割愛した、削除したわけです。平城天皇の時に、一旦復活するのですが、嵯峨天皇の時になってまた削除します。断片的に他の史料からわかることはあるのですが、そういう事情がありましたので、早良親王の怨霊が取り沙汰されて、とりわけ安殿親王の病が早良親王の祟りだと神祇官が卜定していることは、『続日本紀』の編纂事業が

始まろうとしている頃ですから、かなり勘案されて何故に良弁僧正に関する記事が、あれだけ少なくて、また簡素なものなのかについても、そのあたりから説明ができるのではないかと思っています。あくまでも推測の域は出ないのですが、その可能性が高いのではないかと考えています。

藤井　『正倉院文書』では良弁さんの記事が突出して多いのに比べて、『続日本紀』ではちょっとしかないというのは対比的ですよね。

濱道　そうですね。早良親王については本郷先生がおっしゃったことに付け加える点はないのですが、今、藤井先生が言及された良弁僧正の史料の多くが『続日本紀』には出てこないということについては、もう一度考えてみるべきことなのかなと改めて思いました。

あと補足ですが、正倉院文書の中で、実忠や等定などは良弁僧正との接点があまりないのですが、これについては年齢の関係もあるのかなと思っています。実忠さんは若かったのではないかと思いますので、そういう部分も考慮して、史料で見えていることと見えていないことを慎重に考えるべきであると思っております。

本郷　『続日本紀』の編纂事業が展開されている頃、桓武天皇の身近におられた方で、東大寺に縁の深かった方は間違いなく等定大僧都なのです。等定大僧都は延暦二年（七八三）に東大寺別当になられたという記録がございますが、桓武天皇の信任が厚く、後々には、ご自身の高齢を理由に大僧都を辞されるのですが、その時も桓武天皇は「大僧都は辞任してもいいが、勅願で建てた梵釈寺を検校せよ」と命じられています。ただ等定大僧都については、問題視する見解もあります。等定は東大寺の別当に加えられているが、実は東大寺の僧ではなかった。もともと河内の西琳寺の僧で、華厳の学僧だったというのです。華厳宗の学僧であることから歴代に取り入れられただけであって東大寺の立場に立っていろいろ尽力された良弁僧正や実忠などとは違うのではないかと指摘されます。いずれにせよ、良弁僧正については、確言することはできないのですが、親王禅師早良との関係でそういう扱いになったのか、というのが今のところの私の考えです。

藤井　次に山岸先生からの質問、お願いいたします。

山岸公基　まず川瀬先生への質問を書かせていただきました。質問を申し上げる前に美術史の立場から、よく良弁上人を九世紀と言明してくださったことに敬意を表したいと思います。美術史は主観的とか、いろんな分野から叩かれがちですが、しかしやはりそれが妥当性をもつように、鍛練を積み重ねて、これは平安時代前期で奈良時代と違って、九世紀と十一世紀は違うということを、ずっとやってきた者からすれば、定説的になっていることを、九世紀として、この場で喧伝してくださったという思いが強くございます。

その上でお尋ねとしましては、もと法華堂に安置されていたということに、なるほどと思ったのですが、法華堂は古いお堂があって、その像群がすべて奈良時代の中の建築であっても、全部初めから法華堂にあったものか、ほかの堂宇に移ってしまった像が法華堂に移ったのではないかということが、近年、さまざまな形で提言されたりしています。良弁像が九世紀の彫刻で安置されたとすれば、それはその時の法華堂の安置仏像はどうであったのか。端的に申しますと法華堂の八角須弥壇上にない梵天帝釈、金剛力士像、四天王など八体は別堂から移されたのだという意見が近年提示され、大きな話題を呼んでいます。私などそれを聞くと「なるほど」と思うところ

があって「八角須弥壇の左右がどうなっていたのだろう」と思いますが、そういうことも含めて川瀬先生のお考えをお聞かせいただければと思います。

川瀬　九世紀の制作というのは、松島健さんが『日本の国宝』の中にも書かれていて、「九世紀後半くらいだ」と。伊東史朗さんも「九世紀後半くらい」とおっしゃったので、それを引いてさらに「九世紀半ば」としようとしたところが、自分では頑張ったところだと思っております。たぶん、異論はあることは承知の上で、自分が捨て石になっても「九世紀とすべきだ」と思うようになりました。これまで十一世紀といわれていましたが、『六大寺大観』の見解がハードルになってしまったがためにです。

法華堂に安置されたというのは、つい最近考えついたことです。良弁像の保存状態を考えていくと「法華会本尊となったのなら、それが行われた場所は、法華堂なのだから」ということで結論に至りました。ただ山岸先生が御質問されたことと同じ疑問を私も持ちました。法華堂の天平彫刻に関しては近年奥健夫さんが乾漆像はもとは講堂にあって、（日光月光、四天王の）塑像が八角須弥壇上にあったというの見解を発表され、支持されております。私は塑像が八角須弥壇上に置かれた時期についてはもう少し検討の余地があるかなと思っております。天蓋の位置とかもう少しいろいろ整理して、あの空間の成立を考えないといけないかなと考えており、なかなか難しい問題だと思っております。その中で良弁僧正は正面中央に安置することは可能ではないかと思うところではありますが、それ以上の考えはありません。あの空間に坐像を置くと周りが大きいから違和感がつねに生じます。等身の坐像がそこにあると違和感があり、あらたに僧正堂をつくろうと考えて、創建されたと推測しただけでそれ以上のことはもう少し考えてみます。

藤井　ありがとうございました。清水先生にご発言をお願いいたします。

清水　関連して開山堂の前身堂のことですが、史料上、寛仁三年（一〇一九）につくられたとみられるのですが、火災で焼け残って重源が手を入れたのを「修復」と書いてあるのが気になっています。今のところ建築的には建物は重源のもとで完全に新築されているのです。たとえば建物の中の一部分に押し込むように一種の厨子のような形で重源がつくったということもありうるかと思います。一〇一九年に建ってから二百年くらい経っているので修理時期に当たっていたかと思うのですけれど、一方では、もっと遡ってもいいのではないかとも思うのです。法華堂は奈良時代にはすでに双堂の形で礼堂もつくられていて、それが一二六四年にはほぼ建て替えがなされています。そうすると開山堂を遡らせて、今回、九世紀とおっしゃる時代に、すでにあったと考えてみることも、もしかしたら可能かもしれない。「法華堂に置かれるべきだ」という意見に対して「そうではない」という話になるのですけれど。「法華会はどこで行われたのか」という問題は残りますが、一〇一九年に建った前身堂が重源の手によって修理されたということが、なかなか理解しにくくて、そういう意味では前身堂を遡らせることもありうるかなと思いました。

藤井　重源の『南無阿弥陀仏作善集』の東大寺の記述では、仏像・建築などが「奉造立」項、「奉修複」項、「奉結縁」に区別して列挙されますが、「奉修複」項には修理だけでなく新築も入っているの

ですね。だから、「奉造立」「奉修複」とは重源にとって重要度のランク分けであって、現代の語義とは違うことを提案したことがあります。それについては議論が深まっていなくて、まだ研究する余地が多くあります。網羅的に研究をしないと進まないでしょうね。「奉修複」項には、院家関係のもの、東南院の薬師堂なども含まれます。

今、法華会の話になってきましたけども、川村知行先生、たぶんご研究されていると思いますが、その辺りの話をしていただけますか。

川村知行　今日のお話を受けて、開山堂でどんな儀礼をどのようにしたかを考えてみますと、あの建物はかなり狭く、法要を行うような構造をもっていないという印象を前々からもっていました。最初の僧正堂がどこかにあったのか、いつできたのか難しい問題です。

ご報告のように九世紀に良弁僧正像がすでにできていたとすると、この像は法華堂に安置されていたと考えるのが一番自然に思えます。法華会の説明もつきますし、ボストン美術館「法華堂根本曼陀羅」の別当寛信による久安四年（一一四八）修理銘にも継承され、良弁の菩提を供養する機能をもっています。

何もかも法華堂に起因するというのは問題かも知れませんが、それこそ根本的に考えないといけないのかなという感想をもちました。

法要に関していうと、最初は画像があって、それが彫刻になった。それをどう考えたらいいのかなということで、今日お話を伺って悩んでいます。文字通りの「根本僧正良弁」ですから、東大寺の根幹に関わることなので、そのあたり、議論が進んでいけばいいなと期待します。藤井先生に、どういう形態の法要で祀ってきて今日に至るのかを伺えたらありがたいと思います。

藤井　川瀬先生から今の意見に関して、いかがでしょうか。

川瀬　難しいですね。むしろ私の方が教えていただきたいことです。やっと思い至った段階で、そこから先は儀礼などのご専門の先生方に教えていただくしかないと思います。良弁僧正を制作するにあたり、もともと画像があった可能性もありますがそうしたことはなかったために新たに作っていかなければならない状況があったと思います。そこでどういう感じでつくろうかとなると、まず聖僧がもとになり、他の寺院の聖僧を参考にしながら伝承などをもとに顔つきはこうだとか試行錯誤の中で画像を描きながら彫像をつくっていったのではないかと思います。

藤井　良弁さんのことは、彫像ができたことと、どのようなご供養をしたかという問題ですが、野呂先生、いかがですか。奈良時代なのか平安時代なのか、異論があったりしますが。

野呂　これは難しいですね。私には判断できませんが、ただ中国やあるいは日本の比叡山などでのかなり早い段階での忌日儀礼では、やはり絵像が先にあり、それにもとづく儀礼が行われていたとされています。たとえば鑑真さんなどではどうなのでしょうか？先生方から何かあれば、お願いいたします。

藤井　鑑真さんについて、どういう儀礼がなされていたか、いかがでしょうか。鑑真さんで、どういう儀礼がなされていたかは。

川瀬　それは難しい問題で、まず鑑真像がいつつくられたかという点が問題になります。近年では鑑真像の理想的な造形は亡くなった天平宝字七年（七六三）よりある程度後に、周忌法要などにあわせて造られたという見解が多いです。私は鑑真の忌日法要をいつから

行っていたかわからないし、それに合わせて制作したということはないのではないかと考えております。法要における遺影としての鑑真像制作については疑問を持っております。佐藤道子先生の研究を読んでも、古い時代に忌日法要に尊像があった可能性が少ないと思います。今回の発表はむしろ忌日法要の本尊的意味をもった良弁僧正像としての位置づけで、こうした位置づけの像としては古いものと考えております。古代における肖像制作は慎重に考えるべきかと思いつつ、自問自答しながら考えておりますが。

藤井　聖徳太子は、廟堂のようなものがあって、そこで祈念する場所をもった。四天王寺もそうですが、拝む場所を作ったのですが、まるで北野天満宮のような感じです。真言宗では空海さんの御影は、最初は無いようです。少し後の代の勧賢さんが最初、東寺灌頂院のなかに空海さんの御影を描き、そこで追善の儀礼御影供も実施される。次には、醍醐寺で五重塔の初重内に空海さんの御影が描かれています。いろいろなバリエーションがあるので画一的に「こうだ」というのはないわけです。法華堂は大きい儀礼をもっていますから、そういうところであっても不思議でも何でもありません。そうすると「何でもあり」という話になってきますが、さらに研究しないと、そういう問題は解決がつかないかもしれませんね。

清水先生、さっき法華堂の室町期の話をされたと思いますが、どう思われますか。

清水　室町時代に開山堂は正面を法華堂側から西の大仏殿の側に変えられているのです。野呂先生に解釈をしていただければと思います。

野呂　開山堂の向きの変更については私もわかりません。今回ご報告しましたように、顕無辺仏土経の「経釈」は弘安九年（一二八六）の本奥書を持っています。これはまさに東大寺尊勝院の宗性など鎌倉中期の学侶が活躍していた時期とほぼ変わりません。したがって、現在の良弁忌でお勤めされる「経釈」は鎌倉期にはその原型ができていた。それが応永三年（一三九六）に書写されたのが東大寺に伝わる経釈の写本です。室町時代は尊勝院が衰微していく時期ですが、この時期になってあらためて「華厳宗始祖」としての良弁さんを顕彰していく流れがあったことがわかります。ただ、これが開山堂の向きの変更とどのように結ばれるのか現時点では不明です。

藤井　最初、良弁さんの僧堂ができた時に良弁さんは伽藍のどちらを向いて座っていたのですか。

清水　それはわかりませんけれど、今の開山堂に番付がつけられていて、それが現在のものからすると一八〇度回転しています。現位置には東向きで移築されたのですが、その前は西向きだったことになります。少なくとも重源が建て直した時は西向きで、それが「修復」をされたものだと考えると、前身堂も西向きだったということだと思います。また開山堂の位置について、『平安遺文』所収の「某家田畠譲状」に「僧正堂西畠」「四至限東限僧正堂」とあるので西向きと解釈できます。

藤井　そうすると伽藍とか大仏殿を向いていたということですね。

清水　大仏殿の東にあるというのであれば、ぴったりですが、北の方にあったとも考えられており、その場合はどこを向いていたのでしょうかという感じです。

藤井　それでは最後に先生方から、お一人ずつ、締めの言葉をお願いします。

本郷　良弁僧正がご存命中、その時代は史料が限られていました。生活の全般まで把握することはなかなか難しく、良弁僧正の伝記を書くことも難しくて、体系的にできていないというそれなりの理由があると思います。ただその中で、断片的にも、昨日、今日とお話しさせていただきましたように、こだわってとらえてみると従来通りの認識でいいのかどうか、一度考え直してみる必要があるだろうと思います。そういう意味合いでは、先程、良弁観、かつて岸俊男先生が触れられたように、決して失脚することもなく、僧綱の任を全うされた良弁僧正は、読みようによっては「したたかに」動かれた人だという印象があります。が、私はそうではなくて、良弁僧正は「華厳教学の育成と発展」それから「東大寺の伽藍の整備」も含めて、それに専念されたのではないかと思うのです。世俗権力の動向に左右されることなく、本来の自らの使命を全うされたが故に、あまり時局の変化に影響されることなく、ずっと全体を総覧するような立場をとり続けておられたのだなと、そういうふうに感じます。そういう良弁僧正の姿勢を今回、改めて学ばせていただいたことは私にとっては非常に意味が大きかったと思いますし、これを踏まえて新しい論点につきましても、若干、考察を巡らせていただきたいと思った次第です。どうもありがとうございました。

濱道　まず、このような報告ができる場をいただいたこと、東大寺さま、実行委員のみなさまに感謝しております。聞いていただいた聴衆のみなさま、ありがとうございました。今日、このように報告させていただきましたが、他の先生方のお考えや時代も違いますし、分野も違う報告の中で、それでも絡み合う論点がいろいろ出てきたと思います。私もまた視点が広がりました。お聴きのみなさま方も様々な事象が「こういうことにつながるのだ」と、時代と分野を超えた学際的な面白さをご実感されたのではないかと感じます。

登壇者の中で一番の若輩なのですが、私だけスライドがなくて、聞きづらかったかと思いますが、今でもケータイはガラ携を使っているような者なので、ご容赦いただきたいと思います。どうもありがとうございました。

野呂　今回、第二十回のシンポジウムということですが、ちょうど二十年前の第一回の時、私は大学院生でして、この新しい金鐘ホールで緊張しながら聴講しておりました。今日この場でお話をさせていただくことを大変光栄に思います。今回は良弁忌の論義の内容について報告しましたが、東大寺にはこれ以外にも多くの忌日儀礼があり、またその論義の内容が伝わっております。それらがどのように形作られていったのか、教学面と儀礼面の両方からアプローチしていきたいと思っております。本日はどうもありがとうございました。

川瀬　今回、この機会をいただきまして、調べれば調べるほどいろんなことがわかってきて感謝するところです。日頃の辛く、煩瑣な日常業務のなかで、良弁僧正のことを考える幸せな時間をいただいて救われた気がします。まさに「観音の救済」を得て感謝しております。ただ調べるほどに難しく、平安時代前期も、奈良時代も難しいのですが、その中では作品から「こういうことを想定して、こういうことがあったのではないのか」という想定を示すことで少しはお役に立てることがあるのではと思います。その一端をこれからも研究していきたいです。他の寺院についてもそうですが、平安前期、中期までの奈良の寺院について考えた時、尊像というものが重要な

位置をもっていると思うので、それをもう少し発信できるように努めたいと考えております。本日はありがとうございました。

清水　私は中世史を深く掘り下げて研究しているわけではなく、工学的な観点から歴史的建造物にアプローチしているのですが、今日、みなさんのお話を聴かせていただいて、「開山堂と法華堂に、これほど関連性をもったメスを入れることができる」ことに気づいて、大変大きい学びを得ました。建築分野でこの二つを関連させて考えることは、ちょっと見たことがありません。このような分野横断のシンポジウムがありますと新しい気づきがあり、私自身もこれから考察を深めていきたく思っています。ありがとうございました。

藤井　どうもありがとうございました。私も平安、鎌倉時代を中心に研究を進めてきたのですが、偉大な先輩、祖師を、どのように供養するのかということに大変興味があって、今回もいろんなケースがあるのだなと大変面白く思いました。先生方のユニークかつ充実した報告を拝聴させていただきました。こういう場をつくっていただきましたお寺に感謝をしたいと思います。これで質疑を終了させていただきます。どうもありがとうございました。

司会　藤井先生はじめ、ご報告いただきました先生方、本日はありがとうございました。また今回で二十回を迎えるGBSを開催するにあたりまして、GBSの学術顧問の先生方、木村先生はじめ諸先生方、お力添えをいただきましたこと、誠にありがとうございます。二〇〇二年に開催した折より、進めていただきましたご功績に対して、ほんとに感謝申し上げます。来年は良弁僧正の御遠忌ということで、一月には文楽、五月には東京と大阪で声明公演、十月十四日から三日間、大法要が行われまして、その前後には関連の行事が催される予定です。また順次、みなさまにお知らせできるかと思います。来年度のシンポジウムを十一月下旬の土日に開催する予定と先程の委員会で決めさせていただきました。その方向で進めていくつもりですので、よろしくお願いします。私、四月から教学執事を拝命しました。閉会のご挨拶とさせていただきます。本日はありがとうございました。

特別寄稿

『日本霊異記』の金鷲行者説話にみる東大寺執金剛神像の性格

奥 健夫

はじめに

『日本霊異記』中巻第二十一話、金鷲行者と東大寺執金剛神像をめぐる霊験譚は、東大寺前身寺院における僧の活動が東大寺創建につながる状況をうかがわせる史料としてよく知られている。その概要は以下のとおりである。

聖武天皇の世、東大寺前身寺院である金鷲寺では、同寺に居住していることによりその通称がある金鷲優婆塞が修行していた。同寺には執金剛神の塑像が安置され、行者は昼夜に憩うことなく、像の脛に縄を繫けて引いて悔過を修していた。時に脛より光を放ち、光は皇殿に至り、天皇の居処にまで届いた。驚いた帝に召された行者は、「何を求めているのか」との帝の問いに「出家し仏法を修学することを欲しております」と答えた。帝は勅を発して得度を許し、金鷲を名とした。同人の行を誉め四種供養を行い不自由させず、世の人はその行を褒め讃え金鷲菩薩と称した。像は今、東大寺羂索堂の北戸に立っている―

この説話は『東大寺要録』縁起章で金鍾行者＝良弁による東大寺創建譚として扱われている。すなわち全文を載せたうえ、「私云」として、良弁が童行者だった時に大櫟の下に草庵を結び執金剛神像を安置して礼拝し、「聖朝安穏増長宝寿」と唱える声が天聴に達し、遣わされた勅使に対して行者が伽藍を建立したいとの望みを述べ、感心した聖武帝により東大寺建立が果たされたという類話を追加している。また「又古老伝云」として童行者が執金剛神像の前で華厳経を誦すと紫雲が空に生じて殿上を覆い、東山に現れた勅使に対して伽藍建立の願いを述べたとする話も紹介する。

『日本霊異記』では末尾に掲げられる「賛」に「人皇慎験ㇾ瑞」とあり、これを日本古典文学大系の同書の頭註では「天皇は、恭しく仏像感化の様子を具現なさった。（東大寺を建立された。）」としている[1]。しかし金鷲行者が述べる自らの願いはあくまで出家修学であ

り伽藍の建立ではない。『東大寺要録』の編者および古老の述べる話で行者に伽藍建立を志していると語らせているのは、この説話を東大寺建立に結び付けるための作為である。同書ではさらに続いて「又古人談云」として、金鍾行者が霊験を顕したため朝野の崇敬を集め、大仏殿建立の運びとなると、寺地の西半分を領する辛国行者がこれに反発して験比べを挑んできたという話を追加して、東大寺建立の主体としての金鍾行者像をより明確にしている。

しかし『日本霊異記』の説話だけを素直に読めば、金鷲行者の行っていた悔過は東大寺建立と切り離して眺められる必要があるように思われる。以下にはこのことから執金剛神像の性格について論じ、併せて付随あるいは派生するいくつかの問題に及びたい。

一

金鷲行者の行っていた悔過は、聖武帝の問いに対して答えているとおり、出家し仏法を修学することを目的としていた。行を続けるうちに像から光が放たれるという奇瑞が生じ、そのことが得度に結び付くという展開に注目すると、それは受戒のための好相行だったのではないか、という推測が生じる。好相とは修行者が厳しい行を積む中で体験するヴィジョン（幻視）で、彼岸から発せられる五感に訴えるサインである。好相行を説く代表的な経典である『梵網経』では「好相者、仏来摩レ頂、見レ光、見レ華、種種異相、便得二滅罪一」とその内容を述べる。受戒の前提となる滅罪の証明としての好相の獲得の必要性を述べる経典には同経の他に『菩薩善戒経』や『占察経』がある。(2)

鑑真が三師七証を揃えての具足戒の厳格な授受作法をもたらす以前、日本では自誓受戒による出家が行われていた。その根拠とされたのが、自誓受により比丘・比丘尼となれると説く『占察経』（当該箇所「自誓而受二菩薩律儀三種戒聚一、則名下具獲二波羅提木叉一出家之戒上、名為二比丘比丘尼一」）である。このことは『延暦僧録』普照伝の記述に明らかである。すなわち天平勝宝六年（七五四）の聖武上皇らへの菩薩戒授戒に伴って僧達に鑑真が具足戒を授けるに先立ち、思託ら鑑真の徒が旧戒の僧達を集めて説明したところ、志忠・霊福・賢憬が従来『占察経』により自誓受戒を許していると主張した。それに対して思託らは『瑜伽師地論』巻五十三の文言を示して誤りであることを指摘、志忠らは反論できず受戒に至ったという。

『占察経』には行者が罪障の重さに応じて七日ないし千日かけて懺悔を行って清浄を得ることを説き、身・口・意の三業における善相を得たならば、光明が室を満たし、好き香気が漂い、あるいは夢の中で仏の色身が来臨し摩頂し、あるいは仏の形像が光を放って行者が清浄となったことを証すると述べる（当該箇所「有二衆生一得二三業善相一時、於二一日一夜中一、復見三光明遍満二其室一、或聞二殊特異好香気一身意快然、或作二善夢一、夢中見二仏色身来為作レ証、手摩二其頭一歎言、善哉、汝今清浄我来証レ汝、或夢見二菩薩身来為作レ証、或夢見二仏形像放レ光而為作レ証」）。執金剛神像が光を放ったというのはまさにこの記述に合致するのである。

石田瑞麿氏によれば鑑真以前の戒律は、「『瑜伽師地論』によって三聚通受の菩薩戒の受持を従他受をへて構成し、その出家の別解脱律儀の受持には四分を戒相に求めて、『占察経』を援用して自誓受を許容し、極めて便宜的受戒を行っていた」という。(3)『占察経』は

あくまで補助的な使用ということになるが、執金剛神像の放光は同経が好相行のテクストとしても用いられていたことを示している。

このように本説話には『占察経』に基づく受戒のための好相行の本尊としての執金剛神像の性格をうかがうことができる。このことは本像の法華堂内での安置形態とも関わってくると思われる。次にそのことについて述べる。

二

『日本霊異記』に像が「今、東大寺於二羂索堂北戸一而立也」とあるのは、金鍾寺と法華堂が別の堂宇であるという認識に基づいているように思わせもするが、これは著者景戒が東大寺創建の細かな経緯を承知しないまま、撰述当時における像の所在を記しているとみてもよい(4)。

執金剛神像は鎌倉時代に厨子が造られるまで、下段の床面に直接置かれていたことが床面の痕跡から推定される(5)。元来、二重基壇は上段八隅に柱を立て宝蓋を載せた開放型の厨子の基壇であり、下段左右の各三面には梵天帝釈天（現名称日光月光）および四天王（戒壇堂所在）が並び、背面に執金剛神が置かれていたとみられる(6)。この群像構成の根拠を『不空羂索神変真言経』に画像法が説かれる補陀落山曼荼羅に求めることができる(7)。そこでは補陀落山の頂上にある七宝宮殿の中に不空羂索観音を中心に菩薩・使者・仙人達が安置され、宮殿の外に梵天帝釈天、山の中腹に四天王がそれぞれ神々を随えて並んでいるという図相が説かれる。八角二重壇上に並べ置かれた群像はおおむねこの図相に合致するといえる。八角二重壇は補陀落山、上段の軸部以上が七宝宮殿を表しているということになる。

ただし執金剛神は、経典では執金剛秘密主菩薩という名前で宮殿の中で観音を取巻く十六人の菩薩・使者・仙人のひとりとして記されるのに対して、本群像では宮殿外となる下段背面に廻っている。

宮殿から外に出されたのは尊格が菩薩でなく天であることで説明されるとして、背面側という位置についてはどのような理由によるのか。まず考えられるのは、観音像との同体関係である。すなわち『法華経』普門品に観音三十三応現身の一つとして執金剛身が説かれるのに加え、慧沼『金光明最勝王経義疏』には執金剛秘密主菩薩が「観音異形」として金剛杵を執り三宝を守護するとある。観音の化身としての性格を表すために不空羂索観音像と背中合わせの位置関係としたという解釈が生じる。

もっとも同体関係にある尊格を背中合わせに安置するのは他に例が知られない。この配置法には観音と執金剛神との同体関係が意識されているとしても、それを理由にこの配置が生まれたのではなく、理由は他に存在したと考えるべきであろう。ここで考えるその理由とは、場合により千日にも及ぶ好相行の本尊として、正面側で仏事が修されても中断されず行が続けられることが求められたことである。

ここで石田瑞麿氏により鑑真来朝より前、受戒の主たる根拠だったとされる『瑜伽師地論』における次の記述に注意したい。すなわち同書巻四十には三聚浄戒の一つで衆生を利益するための戒、菩薩饒益有情戒（摂衆生戒）を構成する十一種の相の一つとして、菩薩が信無き衆生に対して執金剛神を化作するなどでこれを恐怖せしめることが説かれている（当該箇所「諸菩薩為レ欲レ饒二益諸有情一故、現二神通力一、或為二恐怖一、或為二引摂一（中略）復有二一類無レ信有情一、

菩薩衆中随レ事故問、彼作二異思一拒而不レ答、菩薩爾時或便化二作執金剛神一、或復化二作壮色大身巨力薬叉一、令二其恐怖一、由二是因縁一捨レ慢生レ信恭敬正答」)。つまり執金剛神は行者にとって、自らを呵責して心の内に潜む不信を除却してくれる存在であり、同時に菩薩戒を得た後、不信心者の救済にあたる自身の姿でもある。

この性格は不空羂索観音像と対応しているとみなせる。すなわち『華厳経』には修行者が菩薩の階梯を上り五十番目のステージである法雲地に達すると、大自在天が放つ如き、衆生の身心を清涼にする光明を得ることが説かれており、このことが大自在天と同形とされる不空羂索観音像の造立に関わることが明らかにされている(8)。つまり不空羂索観音の姿が菩薩道を歩む者の目指すそれで、執金剛神は利他のための変化身としての姿ということになる。

前述の石田氏の考証によれば菩薩戒の受戒は『瑜伽師地論』に基づく従他受として行われていたというが、執金剛神像を本尊とする好相行による比丘戒の獲得に続いて行われる菩薩戒受戒の本尊として不空羂索観音像を想定することはできないであろうか。時代が降って嘉禎二年(一二三六)に叡尊、覚盛、円晴、有厳が法華堂で自誓受戒を行ったのは、そのような受戒の場としての法華堂の性格が伝承されていたためかとも想像されるのである。

受戒施設の背面側に修行のための空間を設ける例は、唐代中国に存在する。それは『大唐西域求法高僧伝』にみえる、道宣の弟子である安州秀律師(伝不詳)に随いて律学を修した僧、貞固に関する次の記述である。すなわち同人は垂拱年間(六八五~六八八)に、広州峡山(現広東省清遠市)の広慶寺(別名飛来寺)が荒廃していたのを再興することを志し、戒壇の後面に一禅龕を造り、方等道場つまり方等戒(大乗戒)のための道場を立て、法華三昧を修せんとしたが未了に終わったという(9)(当該箇所「復欲下於二戒壇後面一造二一禪龕一立二方等道場一修中法華三昧上、功雖レ未レ就而情已決然」)。つまり受戒のための施設の背後に好相行──この場合は普賢菩薩の来臨を願っての懺悔行──を修するための空間を開くというプランである。こうした空間構成についての情報が日本にもたらされたと想像するのは不当でなかろう。

三

最後に『日本霊異記』の説話に戻り、その性格について改めて考えることにする。自誓受により僧となることの手続き上の欠陥は、懺悔により好相を得たというのがいわば自己申告となってしまうという点にある。個人の内面的な向上を目的とする菩薩戒の受戒ならばそれでよいとしても、公的な身分である僧の資格を得る要件が自己申告に委ねられるのは問題で、だからこそ鑑真の来朝が求められたのである。

金鷲行者の得た好相が聖武帝にまで達し、それにより帝が得度を許したというのは、その真正性が帝により認められたということである。鑑真来朝により否定された旧来の受戒法によるとはいえ、金鷲行者が真正な好相を得て僧の資格を獲得した有徳の人であることをこの説話は言っている。こうみるとこの説話は本来、金鷲行者を個人的に称揚する性格のものとして東大寺周辺で語られていたと想像される。

金鷲行者を良弁と同一人物とする東大寺の伝承については否定的

な見解も多いが、本説話のこうした性格を考えると、その可能性はかなり高そうに思える。八世紀後半ないし九世紀初めに東大寺でその徳を称揚されていそうな僧は現存史料では良弁以外に見当たらない。以下にはここまでみてきた本説話の性格を踏まえて提起される一つの問題に言及しておきたい。

本書所収の論考において川瀬由照氏は『東大寺要録』雑事章所載『東大寺桜会縁起』の首題に付けられる「根本僧正観音化身之由、見二此縁起一」という註記に注目し、良弁が観音の化身とされていたことを指摘している[10]。この註記は同縁起に「法会本施主故僧正院下、遍遊二普門一、示二普門之一形一、恒廻二迷津一、救二迷津之多苦一」良弁が「普門の一形」として六道衆生の救済に当たったとあることを指すのであろう。ここで注意を引くのは「普門の一形」が何より『法華経』普門品に観音の応現身とされる執金剛神にあてはまることである。先にみたように、『瑜伽師地論』には菩薩が執金剛神を「化作」して不信心者の救済を行うことが述べられている。金鷲行者が世の人に金鷲菩薩の称号で呼ばれたのは三聚浄戒を得たからにほかならない。こうみてくると、良弁の観音化身説の発生は執金剛神とイメージを重ね合わせることに端を発したのではないかという推測が生まれる。つまり行修の対象であった執金剛神像と同体視されることから執金剛神の本地たる観音との間に本―迹の関係が成立した、という過程が想定されるのである。

執金剛神像　東大寺法華堂

おわりに

以上論じてきた如く、執金剛神像には受戒に先立つ好相行の本尊としての性格を認めることができる。法華堂ならびに諸尊像にはさまざまな機能が期待されていたであろうが、執金剛神像の好相行を成就させるという機能は堂内の空間構成とも連関し、その主要な一つであったと想像される。『東大寺要録』諸院章に羂索院の別名を「禅院」とするのは修行空間としての堂の性格を伝えているとも思われる。

執金剛神像が最初から好相行の本尊として造られたのか、それとも既に存在する像が好相行の本尊とされたのかについては、制作時期を堂の建立を遡るとみるかどうかによっても判断が異なってくる[11]が、執金剛神という尊格が瑜伽戒の獲得と関わることからここでは

前者の可能性が高いとみたい。執金剛神像の大きく口を開いて怒号を発する形相は、道宣『中天竺舎衛国祇洹寺図経』における、祇園精舎大仏殿の黄金製の摩尼跋陀大神将立像が六斎日に四衆に対して「口中に破戒を呵責」するという記述を想起させる。その視線と振上げた金剛杵の先端は拝者に向けられ、懺悔の勤修者は自らの内の邪心が打ち砕かれ心身が浄化されるのを感じたに違いない。

（おく たけお・武蔵野美術大学）

註

（1）『日本霊異記』日本古典文学大系七〇（岩波書店　一九六七年三月）。
（2）任京美「『梵網経』における「自誓受戒」について」（『印度学仏教学研究』一〇七　二〇〇五年十二月）。
（3）石田瑞麿「我が国に於ける鑑真渡来以前の戒律について」（『宗教研究』一二五　一九五一年四月）。
（4）堂の建立される天平十二年（七四〇）ないし同十五年頃に先立って執金剛神像が造立され、堂の完成に伴い後述する堂内の曼荼羅構成の中に取り込まれた可能性は考えてよい。この点については論旨にさほど関わってこないため本稿では問題としない。
（5）奥健夫「東大寺法華堂諸尊像の再検討」（『東大寺の美術と考古』東大寺の新研究Ⅰ　法藏館　二〇一六年三月）。
（6）前掲註（5）。
（7）奥健夫「東大寺法華堂八角二重壇小考」（『仏教芸術』三〇六　二〇〇九年九月）。
（8）浅井和春「法華堂本尊不空羂索観音像の成立」（『東大寺と平城京　奈良の建築・彫刻』日本美術全集四　講談社　一九九〇年六月）。
（9）足立喜六『大唐西域求法高僧伝』（岩波書店　一九四二年五月）。
（10）川瀬由照「東大寺開山堂良弁僧正像再考―伝承、説話と肖像制作―」（本書所収）。
（11）堂の建立と同時の制作であるならば、置かれた位置から当然、好相行の本尊として造られたということになる。堂より遡るのであれば双方の可能性を考えるべきであろう。